転職して「成功する人」×と「後悔する人」の習慣

転職支援の実績でナンバーワンを誇る著者が教える！
仕事とキャリアの考え方

高野秀敏
Takano Hidetoshi

はじめに

みなさん、こんにちは。

キャリアコンサルタントの高野秀敏です。

２００８年のリーマンショック後、業界再編がさらに進み、ビジネス環境の変化が加速しています。グローバル化の影響もあり、企業が生き残っていくための戦略も刻々と代わり、よりスピーディな対応が求められる時代に突入しています。

現代に生きるビジネスパーソンのみなさんも、その流れの速さを実感していらっしゃることでしょう。

「今の会社は将来どうなるのか」

「自分のキャリアがこのままでいいのか」

こんな不安を感じ、「転職」という選択肢を真剣に検討している方も少なくないはずです。

自己紹介が遅れました。私は１９９９年、株式会社インテリジェンスに入社した後、人材紹介事業の立ち上げに携わり、通算最多転職サポート実績でナンバー1を記録することができました。

2005年以降、人材紹介の会社のスタートアップ、ベンチャー、外資系企業の日本法人の立ち上げを中心に、「応援したい企業」と「応援したい個人」のマッチングのお手伝いをしています。

人材エージェントとして十数年活動する中、3000名を超える経営者・組織のご相談に対応、8000人の方々のキャリアコンサルティングをしてきました。今も転職市場の第一線でさまざまな企業と人材の橋渡しを手がけています。


今や珍しくなくなった転職ですが、私から見ると、企業側と応募者側の思いにはギャップがあり、転職に対する誤解がたくさんあるように感じています。

●転職すれば年収が上がるという幻想

たとえば、転職理由のひとつとして、「年収」をあげる方は少なくありません。

はっきりと口にはされないものの、給与に不満があり、より高い収入を求めて転職したいと考えている方も多いのです。生活面でのお金の問題も大きいですが、会社員にとって、収入は自分に対する評価でもありますから、少しでも年収アップしたいと思うのは人情でしょう。

しかし、最初に申し上げておきますが、日本の場合、ごく一部のケースを除いて、転職自体が年収アップやよいポジションに就くきっかけになることはまずありません。通常は現状維持であり、時には年収ダウンになってしまうケースさえあります。

これは終身雇用制度が長く続いたこと、企業側が転職に対して必ずしもポジティブにとらえていないこと、「和をもって尊しとなす」をよしとする日本人のメンタリティなどが大きいと個人的には感じています。

受け入れる企業にとって転職して入社する人は「新参者」であり、ほんとうに実績が出せるのか、わかりません。そんな相手に対して、現職より高い年収を約束されることはまずないと考えたほうがいいでしょう。それぐらいの覚悟で転職活動を始めるほうが、失望も少ないと思います。

●会社に貢献できる即戦力になれるか

「ほかにやりたい仕事がある」という転職理由も業種・職種を問わず、よく登場します。つまり、もっとやりがいのある仕事、興味が持てる仕事、自分が活かせる仕事を求めている方が多いのです。

もちろん、スキルや人柄、運が左右するため、思い通りにいくとは限らないものの、どんな業界に進み、どんな職種を選ぶかは基本的に本人の希望次第です。

ところが、転職の場合、業界のチェンジは可能ですが、職種自体を変えるのは簡単なことではありません。未経験でもOKな仕事もあるとはいえ、かなり限られます。

たとえば、保険業界の営業職の方がIT業界の営業に転職するのはアリですが、経験のないまま、人気の高い広報やマーケティングなどの職種にチェンジするのは困難です。本気で職種を変えたいなら、むしろ社内転職にチャレンジしたほうが近道かもしれません。

中途採用の場合は、やはり即戦力になる人材が求められます。今は企業側も教育にコストをかける時代ではなくなっていますから、採用側のニーズに対応して、十分なパフォーマンスがあげられる人かどうかが、採用の可否を決めるポイントです。

実際、欠員補充にともなう求人も多いので、面接の際もそのポストにふさわしい実績やスキルをアピールする、つまり自分をうまく売り込むことが重要になってきます。

企業側はすぐに使える人材がほしいのですから、新卒時の就職活動とはまったく別のスタンスが必要となる。まず、このことを認識してください。

●よい転職ができれば結果はついてくる

転職活動では、今までどんな仕事をしてきたか、どのような経験を積んできたかが問われます。つまり、いま辞めたいと考えている会社に対して、どのような貢献をしてきたか。それが、あなたのキャリアだと見なされます。

ですから、現在の環境や待遇に対する不満を抱えていたとしても、転職活動においてはまったく関係がありません。

まずは冷静に自分が従事してきたこれまでの仕事をピックアップしてください。

自分自身の「キャリアの棚卸し」が転職活動のスタートラインです。それを見直すことで、自分の強みが認識できますし、アピールするための具体的な方法も見えてきます。

本書では、うまくいった事例もお伝えしながら、面接に臨む際の心構えや準備、履歴書・

職務経歴書の書き方などもアドバイスしていきましょう。

一方、目先の年収にとらわれることなく、現時点のキャリアをふまえつつ、転職先でどういう経験を積み、将来どうしていきたいかを、しっかり考えることも大切です。きちんと対策し、企業とのマッチングがうまくいけば、後悔しない転職につながります。移籍した会社で実績を上げれば、結果的に年収もアップするはずです。ポジションも次第にあがっていくでしょう。

この本が転職をお考えの方、転職活動中の方、今後のキャリアプランを模索している方の、お役に立てば誠に幸いです。

高野　秀敏

○もくじ　転職して「成功する人」と「後悔する人」の習慣

はじめに

第1章 ▼▼▼ 考え方編

01 成功する人はすぐに年収が上がらなくてもいいと考え、後悔する人は目先の年収にこだわる。 22

02 成功する人は自分の強みが発揮できるかを重視し、後悔する人は会社のブランドや規模を重視する。 26

03 成功する人は英語はあくまでもビジネスツールと考え、後悔する人は英語が使える仕事を探そうとする。 30

04 成功する人は転職は時に応じてと考え、
後悔する人は次の職場が最後と考える。 34

05 成功する人は今の職場でも仕事をきちんとやり、
後悔する人は目の前の仕事すらやれていない。 38

06 成功する人は自分の「市場価値」を大切にし、
後悔する人は「職場の安定」を重視する。 42

07 成功する人はあわない会社にさっさと見切りをつけ、
後悔する人は「石の上にも3年」に固執する。 46

第2章 心構え編

08 成功する人は事前にしっかり情報収集し、
後悔する人は安易に転職してしまう。 52

09 成功する人はアドバイスに耳を傾け、
後悔する人は紹介される案件だけにこだわる。 56

10 成功する人は面接で指定された時間を守り、
後悔する人は自分本位で行動する。 60

11 成功する人は面接官の目で服装を選び、
後悔する人は服装の対策をしない。 64

12 成功する人は「志望動機」をしっかり伝え、
後悔する人は「転職理由」しか伝えない。 68

13 成功する人は想定問答でしっかり面接対策をし、
後悔する人は漠然としか考えない。 72

14 成功する人は当事者意識を持って発言し、
後悔する人は自分目線の質問で墓穴を掘る。 76

15 成功する人は前回の面接をふまえて発言し、
後悔する人は面接ごとの対応になってしまう。 80

16 成功する人は複数の面接の予定を調整し、
後悔する人は決まった順に面接を受ける。 84

第3章 転職までのプロセス編

17 成功する人は退職前に次の仕事を見つけ、
後悔する人はじっくり仕事を探そうとする。 90

18 成功する人は事前に家族と話をし、
後悔する人は転職が決まってから伝える。 94

19 成功する人は口頭内定が出ても気を抜かず、
後悔する人はすっかり安心してしまう。 98

20 成功する人は内定から2カ月以内に転職し、
後悔する人はじっくり時間をかけて転職する。 102

21 成功する人は無職の期間を短縮しようとし、
後悔する人は正社員にこだわる。 106

22 成功する人は需要のある職種にチャレンジし、
後悔する人は自分のしたい仕事にこだわる。 110

第4章 ▼▼▼ 準備編

23 成功する人はわかりやすい履歴書・経歴書をつくり、
後悔する人は市販の履歴書をそのまま利用。 116

24 成功する人は企業のIR情報をしっかり読み込み、
後悔する人はおざなりにしかチェックしない。 120

25 成功する人は受験企業のサービスを自分の目で確かめ、
後悔する人はサービスの存在だけ知っている。 124

26 成功する人は資格にこだわらず、
後悔する人は資格で転職しようとする。 128

27 成功する人は人から評価を聞こうとし、
後悔する人は人の評価に耳を傾けない。 132

28 成功する人は広いネットワークを持ち、
後悔する人は交際範囲が狭い。 136

29 成功する人はSNSをうまく活用し、
後悔する人は自分の印象を悪くする。 140

30 成功する人は社外にネットワークを広げ、
後悔する人は人間関係を広げる努力をしていない。 144

第5章 仕事先の選び方編

31 成功する人は成長中の業界を選び、
後悔する人は成長後の業界を選ぼうとする。 150

32 成功する人は複数の転職サイトを比較し、
後悔する人は案件数の多いサイトだけ登録する。 154

33 成功する人はクチコミサイトの情報を参考程度にとどめ、
後悔する人は鵜呑みにしてしまう。 158

34 成功する人は年収アップできる職種に挑戦し、
後悔する人は好きな職種で高収入を狙う。 162

35 成功する人は思い切りよくタイムリーに転職し、
後悔する人はスピーディに動かない。 166

36 成功する人は実績を着実に積み上げて転職し、
後悔する人は自分の実力を過信して玉砕する。 170

37 成功する人は新興企業の管理部門に転職し、
後悔する人は会社の歴史や規模にこだわる。 174

第6章 ▼▼▼ 自己PRとコミュニケーション編

38 成功する人は動きにキレがあり、
後悔する人はだらしない印象を与える。 180

39 成功する人は伝わる話し方をし、
後悔する人は回りくどく話す。 184

40 成功する人は年収交渉をスマートに切り上げ、
後悔する人は金額アップに固執する。 188

41 成功する人は拙くても求められていることを話し、
後悔する人は自分本位にアピールする。 192

42 成功する人は面接後の対応をスピーディに決め、
後悔する人は迷い続けて引き延ばす。 196

43 成功する人は現実を直視して転職し、
後悔する人は自分が転職するのは当然と考える。 200

44 成功する人は担当者の評判を聞いて選び、
後悔する人は案件の数に注目する。 204

45 成功する人は信頼できるコンサルタントを見つけ、
後悔する人は行き当たりばったりで転職する。 208

第8章 ▼▼▼ 転職先での仕事編

46 成功する人は結果を出すことを優先し、
後悔する人は前の会社との違いにこだわる。 214

47 成功する人はコミュニケーションを大切にし、
後悔する人は最初から無理に改革しようとする。 218

48 成功する人は苦手な人とも接点を見出し、
後悔する人は嫌気が差して辞めてしまう。 222

49 成功する人は求められた役割を果たし、
後悔する人は募集背景を意識しない。 226

50 成功する人は転職理由が明確で、
後悔する人はなりゆきで転職してしまう。 230

おわりに

◯カバーデザイン　OAK　辻　佳江
◯編集協力　立野井　一恵

第1章

考え方編

01

成功する人はすぐに年収が上がらなくてもいいと考え、後悔する人は目先の年収にこだわる。

日本では毎年、何人ぐらいの人が転職しているのか、ご存じですか?

総務省の「労働力調査」によると、2003～2012年の転職者の数は、およそ280～350万人となっています。

転職者の定義は「就業者のうち前職のある人で、過去1年間に離職を経験した人」です。

つまり、前の会社を辞めて「1年以内に転職した人」の数ですから、転職活動中の人や転職活動を検討している人を含めると、潜在的な転職志望者の数はその倍以上の550～700万人に達するとも言われています。


また、転職自体が珍しくなくなってきた一方で、誤解もあります。

それは、転職すると「年収やポジションが上がる」と考えることです。

日本の場合、欧米とは違い、**転職がストレートに年収アップや地位向上につながるケー**

スはほとんどありません。基本的には現状維持、中には年収ダウンで転職する方も少なくないのが現実です。

では、年収が下がっても、転職する理由は何でしょうか？

IT系メガベンチャーで取締役を務めていたAさんは、2000万円の年収を捨て、新興のベンチャー企業に転職されました。ストックオプションつきの条件で、移籍先での年収は800万円です。収入面だけ見れば、3分の1に減ってしまったことになります。

しかし、会社の事業内容と将来性に魅力を感じたAさんは、提示された条件をのみ、決断されました。社長も年下でしたが、ビジネスパートナーとして経営を一緒に切り盛りしていくに足る人物だと見込んでのことです。

その企業は、順調に業績を伸ばし、近い将来、株式上場が視野に入る段階にまで成長しています。株式の時価総額が300億円だとすれば、1％のストックオプションで3億円の収入を獲得することになるでしょう。

Aさんは、今では会社のナンバー2として確固たる地位を築いています。

目先の年収より仕事のスケールややりがいを重視したのです。結果的に年収も大幅にアップすることになり、経験やスキルが思う存分、発揮できる成功パターンになりました。

ベンチャーへの転職はリスクが大きいと考える方もいるでしょう。

しかし、企業にはライフサイクルという寿命があります。

現在、大企業と言われるホンダ、パナソニックなどの企業も、最初はベンチャー企業でしたし、楽天やソフトバンク、Ｙａｈｏｏ！なども急速に成長した企業です。

ひと昔前は、企業の寿命は約30年と言われていました。経済環境の変化により、年々短くなっていますが、次のように推移していくことには変わりません。

①導入期（会社規模：従業員1〜１００人未満）

②成長期（会社規模：従業員１００〜３００人未満）

③競争期（会社規模：従業員１００〜３０００人未満）

④成熟期（会社規模：従業員３００〜１０００人未満）

⑤衰退期（会社規模：従業員１０００人以上）

Ａさんは、業績が飛躍的に伸びる「導入期」にある会社に転職しました。**目先の年収にこだわらず、自分の資質と合致し、将来性のある会社を選ぶ**ことで、成功したのです。

まずは会社がどのステージにあるのか見極めましょう。この会社には将来性があると感じたら、希望年収より低くても前向きに入社を検討してもいいでしょう。

逆に年収にこだわるあまり、失敗するケースもあります。

たとえば、転職支援金として２００万円が支給され、今までより高い年収を提示してきた企業に魅かれたＢさんは、事業内容にも興味があったため、転職を決めました。

しかし、入社してみると自分の能力が発揮できる仕事があまりなく、業績も急速に傾いてしまったのです。

また、ノルマが厳しく、早く結果を出すことが求められ、達成できない場合は、居づらくなったり、解雇になるケースもあります。

年収に関しては長い目で見ることが大切です。

01 成功する人は、企業がどのステージにあるか、冷静に判断する！

02

成功する人は自分の強みが発揮できるかを重視し、後悔する人は会社のブランドや規模を重視する。

転職先を選ぶ際、「知名度」や「ブランド」にこだわる人もいます。

一般的に知られている有名企業で働きたいという応募者は少なくありません。

たとえば、ＢｔｏＣと言われる一般消費者を相手にビジネスをしている会社や、大きなスポーツ大会の公式スポンサーになっているような企業です。コマーシャルなど、宣伝面での露出も多いのでメジャー感がありますし、聞こえもいいからでしょう。

新卒時に第1志望の会社に採用されず、心ならずも今の会社に入ったというパターンの人にとっては、「リベンジ」という面もあるでしょう。

毎年マスコミで発表される、大学生の「就職人気企業ランキング」に登場するような会社です。グローバル展開をしている外資系企業も一種のブランドとして人気が高いですね。

しかし、いったん社会人になった以上、学生が自分の偏差値から進学先を選ぶような気持ちでいたら、必ず失敗します。

そもそも、そういう企業の案件自体が少ないですし、転職市場においては、新卒採用の時と違って、**「どういう面で会社に貢献できる人材なのか」がシビアに問われます。**

有名企業で働いてみたいという程度の気持ちでは、志望動機として弱すぎますし、採用側に対してのアピール力がまったくありません。

「憧れの企業」や「入りたかった企業」で働きたいのは、人情としてはわかります。

ただ、実際の転職活動にあたっては、企業に期待するだけではなく、「自分の強みは何なのか」をしっかり把握してから臨んでいただきたいのです。

- どんな案件が紹介してもらえるのか
- オファーを出している企業はどんな年収を提示しているのか
- 福利厚生制度は整っているか
- 入社後、どんな教育が期待できるのか
- ストックオプションがつくかどうか

エージェントに相談に来る方の中には、このように企業からしてもらうことを期待するだけの「他力本願」になっている人も意外と少なくありません。

もちろん、求人票に書かれている内容はお伝えしますが、提示されている条件がすべてではありません。実際、面接次第で、提示した年収よりアップするケースもあります。

ただ、いい条件を引き出すためには、相手にプレゼンテーションをする必要があります。つまり、自分が入社すれば「今より売上が向上します」、あるいは「この部分のコストがカットできます」などの、いわゆる「売り込み」が大切になってきます。

企業側から言えば人件費とは一種の投資です。「仕事のできない人の給料は下げたいけど、仕事ができる人であれば、それなりの給料を出す用意がある」というのが本音です。**給料に見合うだけの働きが見込めると思えば、待遇面もよくなる**はずです。

会社を移っても成功する人は、**企業側の視点にしたがって、適切に自分の価値がアピールできる人**です。

しかし、そうは言っても、自分の強みがわからないとか、やりたい仕事がないという人も多いのです。一度立ち止まって、次の観点から自分の強みを見つけてみましょう。

・今まで取り組んできた仕事をピックアップして、実績をいったん棚卸しする
・どういう点で貢献できるのか、客観的に見極めて強みをアピールしていく

たとえば、営業の方であれば、このように答えるのです。

「大手メーカーに対して無形商材である○○を平均単価△△円で販売し、部署内でトップの実績だった。その実績の出し方は御社でも使えます」

自分の強みをアピールする方法を身につけておきましょう。

02

成功する人は、自分が活躍する場を求めて転職する！

03

成功する人は英語はあくまでもビジネスツールと考え、後悔する人は英語が使える仕事を探そうとする。

「英語が使える職場で働きたい」という希望も少なくありません。

ある程度、語学に自信がある人は、仕事を通じて、さらに自分の英語力を磨きたいと考えるのでしょう。その気持ちはわかりますが、そこに落とし穴があります。

まずは、営業でめざましい実績を上げているCさん。

TOEICの点数自体はそれほど高くはありませんが、コミュニケーションに困らない程度の英語力があり、海外赴任への意欲も旺盛で、機会があればチャレンジしたいとアピールしている……。

こういう人材が、海外展開を考えている企業を志望すれば、おたがいの方向性が一致し、結果的にいい転職になるでしょう。

一方、とにかく英語が使える環境に転職したいと考えて、年収ダウンにもかかわらず、外資系企業を選んだDさん。

配属されたセクションは日本人ばかりで、肝心の英語力が発揮できなかったばかりか、アシスタント業務中心で、スキルアップにもつながらないという結果に終わってしまいました。外資系企業で英語を駆使して活躍するに足る実績がないという判断でした。

以前の職場に在籍していれば、いずれはチームリーダーのポジションにつくことができたことも考えれば、マネジメントをまかされる立場にありましたが、英語が使える職場にこだわったのは失敗だったと後悔しているそうです。

転職の場合、ネイティブレベルか、TOEIC900点以上のスコアでなければ、スキルとして認められないでしょう。留学経験がある、日常会話に困らない程度の英語力では、セールスポイントにはなりません。やはり実績が必要になります。

また、英語に限らず、やりたい仕事ができる環境に移りたいと考える人も多いですね。

しかし、現在の職場に満足していないからと言って、転職に活路を見出すのは得策とは言えません。むしろ、今いる会社でがんばって、希望のセクションへの異動を願い出る。社内での転職を考えるほうが現実的です。

そもそも**「やりたい仕事ができる職場で働きたい」という志望動機自体が、自分本位**です。

企業はあなたのスキルアップに役立つ仕事を提供するために存在するのではなく、あなたが会社に貢献してくれる人材なのかどうかで判断しています。

したがって転職は、これまでにやってきたことが問われますから、職種を転換するのはハードルが高いのです。一般的に転職の難易度は次のようになります。

- 同職種・同業界への転職・・・簡単
- 同職種・異業界への転職・・・比較的簡単
- 異職種・同業界への転職・・・やや難しい
- 異職種・異業界への転職・・・難しい

職種が同じで同業他社に行くのは、即戦力になるので歓迎されます。

職種が同じで別の業界に転職するのも、よくあるケースです。

では、メーカーで経理をやっていた人が、ＩＴ業界の会社に移って経理を担当したり、小売業で販売をしていた人が、人材業界の営業職になるというのはどうでしょう。

もちろん、どちらも比較的うまくいくパターンです。

一方、職種を変える場合は、同じ業界であっても難易度が高くなりますし、別の業界を希望するのであれば、さらにハードルが高くなるでしょう。

スポーツにたとえると、同職種への転職は野球でセカンドを守っていた選手がショートに移る、外野がサードになるぐらいの感じでしょうか。かなり大変ですが、なんとかなりますよね。

ただし、職種を変えるのは、野球選手からサッカー選手に転向するぐらいの冒険です。アシスタントからでもいいと言われても、会社側からいえば、経験のない人を雇用するメリットはほとんどありません。やはり転職の場合は、実績と経験が問われます。

未経験者でも採用が可能なのは、医療業界のＭＲや保険業界の営業職など、ごく限られた職種になります。自分の実績を着実に積み上げ、それをもとにチャレンジしていく人が会社を移っても活躍できると言えるでしょう。

03 成功する人は、ＴＯＥＩＣの点数より自分の実績を上げようとする！

04

成功する人は転職は時に応じてと考え、後悔する人は次の職場が最後と考える。

あなたは今、転職したいと考えていますか。

「しばらく前から検討していて3カ月後、あるいは半年後に会社を移ってもいい」と、具体的に考えているのであれば、すぐに転職サイトにエントリーしたり、エージェントを訪ねるなどの行動にうつしてみてください。思い立ったら吉日。転職活動を始めましょう。

逆に漠然と「いつか転職したい、1年後に転職できたら」という程度であれば、まだ機が熟しているとは言えません。今の職場で頑張ってください。

もし、転職を本気で考えているのなら、**活動期間は3カ月から最長で半年。それぐらいのスタンスで動く**必要があります。

なぜなら、企業からの募集案件は、そんなに悠長なものではないからです。

欠員募集であれば、来月からでも来てもらいたいと言われますし、増員の案件であっても、少しでも早くスタッフを確保して、体制を整えたいという場合が大半です。優秀な人をじっくり時間をかけて採用したいというケースは、事業本部長をスカウトしてくる場合など、ごく一部のヘッドハンティングだけでしょう。

新卒採用と違い、中途採用の場合、募集人員は1名のみです。複数名採用することはまずありませんから、企業側もよい人がいれば、すぐ決めてしまいたいのが本音です。

そもそも、それぐらいのスピード感で動ける人でないと、いい案件をご紹介したとしても、面接の予定も決まらず、結局、チャンスを逃すことになってしまいます。

通常、案件をご紹介してから、採用決定までの流れは次のようになります。

●案件のご紹介

←　スケジュール調整のうえ、1～2週間後に実施

●第1回面接

←　2日程度で結果通知。次回は1～2週間後に実施

●第2回面接

↓　2日程度で結果通知

●採用決定

↓　翌月初め、または中旬、翌々月初めの入社で調整

●初出勤

転職の活動期間は正味3カ月と思ってください。

ほとんどの方は、現職中に活動するわけですから、繁忙期は避けて、余裕を持って臨める時期にスタートするのがいいでしょう。精神的にも落ち着いている時のほうが冷静に判断できます。

思い立ったら行動に移すほうがいいのは、自分の市場価値を一度、見つめ直すのに、いい機会だからです。

特に20代であれば、募集案件はたくさんありますから、どういうニーズがあり、自分ならどんな案件が紹介してもらえるのか、知っておくのは悪くありません。

ピンと来る案件がなければ見送ればいいわけですし、逆に希望する案件にはどんな実績

やスキルが要求されているのか、確認するきっかけになります。

人材エージェントへの登録は、応募者側には一切、費用はかかりません。キャリアコンサルタントに相談して、アドバイスを受けるだけでも勉強になるでしょう。

短い期間で何度も転職するのは「ジョブホッパー」と呼ばれ、企業側からあまり歓迎されません。業界によっても違いますが、20代で3社、30代で5社程度が妥当でしょうか。つまり、1社につき、3～5年は勤めることになりますね。**それぞれの会社で何をし、次にどういう仕事にチャレンジするのか。あせらず長期的に考え、動くべき時に動くというスタンス**でいる人が結局、いい転職に結びつきます。

また、次の会社に骨を埋める覚悟でと、じっくり構えすぎるのもよくありません。年齢が上がれば案件自体が少なくなり、30代で初めて転職した場合、新しい環境になじみにくい傾向があります。個人差はあるとはいえ、若いほうが柔軟に対応しやすいでしょう。無理に転職する必要はありませんが、後悔しないよう、フットワークよく行動してください。

04 成功する人は、長期的な視点で自分のキャリアパスを考える！

05

成功する人は今の職場でも仕事をきちんとやり、後悔する人は目の前の仕事すらやれていない。

転職を決断する人は、多かれ少なかれ、今の職場に見切りをつけています。

その場所に満足していないから、環境を変えようとしているわけです。


当然、その理由は人によって、違います。

たとえば、「新しいステージで別の仕事に挑戦したい」というポジティブな志望動機をあげる人もいれば、「職場での人間関係がうまくいかない」「上司との相性が悪い」「評価が低い」「チャンスを与えてもらえない」などのネガティブな理由がきっかけになっている人もいます。

環境のせいで自分が輝けないという人ですね。

これを「他責」と呼びます。文字通り、他を責めるという意味です。

面接でも今あげたような「他責」を口にする人がいますが、第三者から見れば言い訳にしか聞こえません。そして、よい印象を持たないという点では、どの会社も共通しています。人間関係の悪さや、評価に納得できないという声は、多かれ少なかれ、どの企業にもあります。

また、残業が多い、休みが少ないという部分も、判断がつきにくい面があります。本人の生産性が低いから残業が増えるのかもしれませんし、仕事の絶対量が多ければ、ある程度の残業は仕方がないでしょう。

ただ、採用側の企業にとっても「思い当たる節」がありそうなことを面接で訴えるのは、決して得策ではありません。勤務先の悪口を聞きたいわけではないのです。

「他責」から入る人は、転職活動自体がうまく行きません。**仕事の評価がついてこないのも、現在の職場でベストを尽くしていない場合も少なくない**からです。

一方で、「残業が多く休みがとれない」「仕事がおもしろくない」などの理由でも、「他責」とならないケースもあります。

たとえば、カルチャー系ショップの店長を務めていたDさんは、人材サービスの会社に転職しました。仕事はおもしろく業績もよかったのですが、月に休日が4日かあるかどうかという状態。残業時間もかなり多く、長く働き続けるには不安があるという理由でした。転職後はカレンダー通りに休めるため、満足されているようです。

公認会計士のEさんは税理士法人から、事業会社に転職。公認会計士は立派な資格ですし、年収も高い専門職ですが、仕事がルーティンでおもしろくないという方は少なくありません。

Eさんは優秀で期待の人材だったのですが、ビジネスの現場に関わりたいという希望でした。転職後は実際、毎日がエキサイティングで楽しいようです。

Dさん、Eさんに共通するのは、転職の動機自体は「労働環境の改善」や「ルーチンワークからの脱却」ですが、**前職でも一定以上の評価を受けていた人材だった**という点です。収入面も悪くなかったのですが、より自分らしい人生を選択するために、業界をチェンジする転職に踏み切りました。

結局その環境でどれだけ頑張れたのかという視点で、第三者はその理由が「他責かどうか」を判断していきます。

つまり、現職でベストを尽くしていれば、転職の道が拓け、新しいステージで活躍することができるのです。

転職のきっかけは人それぞれです。はじめに転職希望者の話を聞いていると、年収、仕事のやりがい、会社の将来性、社風、労働時間や福利厚生制度など、いろいろな要因があるんだなと感じます。

しかしそれは建前で、「上司との人間関係がよくないから」が本音だったというケースも少なくありません。

うまく面接の場でその本音を隠そうとしても、思いのほか「この人は他責にしている」と相手に伝わるものです。

転職を視野に入れる際、「自分の決意は他責なのかどうか」「現職でベストを尽くしているか」を一度、考えてみてはいかがでしょうか?

05 成功する人は、環境にかかわらず、自分の仕事に真摯に取り組む!

06

成功する人は自分の「市場価値」を大切にし、後悔する人は「職場の安定」を重視する。

転職を考えているのならば、その理由は何でしょうか。

今の職場に満足していないのはもちろんですが、具体的に転職活動をしている人たちの動機は、次のようになります。

1位　ほかにやりたい仕事がある
2位　会社の将来性が不安
3位　給与に不満がある
4位　残業が多い／休日が少ない
5位　専門知識・技術を習得したい
6位　幅広い知識／経験を積みたい
7位　U・Iターンしたい

8位　市場価値を上げたい
9位　業界の先行きが不安
10位　会社の評価方法に不満がある
（DODA調べ　2013年4月1日〜9月30日　有効回答数約3万件）

「給与」「残業の多さ」などに対する不満・不安がきっかけになっているものと、より希望にあった仕事やスキルのためといったポジティブな理由の両方があることがわかります。このランキングをみると、どなたも思い当たる点があることでしょう。

トップ10のラインナップは毎年あまり変わらないのですが、順位は年度によって入れ替わります。最近はスキルアップ系の転職理由が増える傾向にあります。

私自身はこの傾向は、とてもよいことだと思います。

なぜなら、年々、仕事探しが難しくなっていると感じているからです。

2位の「会社の将来性」や9位の「業界の先行きに不安を感じて」という転職理由は常連ですが、産業全体が右肩上がりに伸びている時代と違い、現在は実際に成長しているのはインターネット業界ぐらいしかありません。

ところが、こちらはまだ新しい業界ですから、見込みのある企業がたくさん誕生している半面、浮き沈みが激しい業界であることも事実です。


将来性や業界の先行きが不安だという方は、「安定」を求めていると言えるでしょう。なるべく「つぶれない会社」に行きたいという思いがあるはずです。

しかし、実際に求人があり、将来性のある会社は、ベンチャー企業が多い傾向がありますから、リスクをとりたくない方は魅力を感じません。要するに個人の希望と雇用の需要のマッチングがむずかしくなってしまうのです。

ゆえに、グローバル化が進み、社会全体が実績重視になっていますから、ほんとうに将来性のある会社で働いたり、**自分自身の「市場価値」を上げたいのであれば、ある程度、リスクをとることも必要**です。

たとえば、人材会社に勤務していたFさんは、IT企業の人事部門へ転職しました。営業中心でやってきて成績もそれなりに上がってはいましたが、40代・50代になって同じ仕事ができるか、不安を感じたからです。

前職の経験を活かして当初は採用を担当。2年目から人材教育にも関わり、今では人事制度づくりもまかされるようになりました。

前職とは比べものにならないほど、仕事の幅が広がり、やりがいを感じています。転職後の年収は少し下がりましたが、今ではポストもあがり、順調に収入面も満足できる水準になりました。

一方、同期のGさんは、リスクをとりたくないと考え、転職しないまま、35歳を迎えました。中堅社員としてそれなりに活躍はしていますが、最近ではあまり変わらない仕事内容に飽き、Fさんの活躍を見て、自分の市場価値に不安を感じるようになりました。

もちろん、同じ会社に勤めて、その中で上をめざしていく方法もあります。しかし、その業界が伸びていなければ、思うような経験やスキルが積めないのも事実でしょう。チャレンジした人が評価され、市場価値を上げることができる時代へ。今の職場で自分を磨きながら、チャンスがあれば転職するという選択肢を視野に入れてがんばってください。

06

成功する人は、積極的にチャレンジしている！

07

成功する人はあわない会社にさっさと見切りをつけ、後悔する人は「石の上にも3年」に固執する。

「最初に入った会社では、石にかじりついても3年はがんばれ」

そう言われた時代もありました。実際、今もその通りだと考える人は多いでしょう。

しかし私は、入社した会社があわないと感じたら、すぐ辞めたほうがいいと思います。無理をしながら辛抱するより、さっさと決着をつけて、新しいキャリアをめざしたほうがよほど有意義です。

もちろん、ただ嫌で辞めたというのは問題ですが、きちんとした理由があれば、今の転職市場では短期で退職した人に対して、それほどのマイナスにはなりません。**若いうちであれば、1、2回は1年程度で辞めても許される**でしょう。

ただ、それ以上になると、すでにお話ししたように「ジョブホッパー」と根なし草的な見方をされてしまいます。3社目で腰を落ち着けて働ける会社にたどりつけるように、気をつけてください。

というのも、最近は新卒採用であっても、高い年収を提示する企業があります。実力主義が前提にあるからで、それだけ要求される成果もきびしいということです。実際、会社が要求するだけの成果が上げられない場合は、試用期間の6カ月で雇用が打ち切りになってしまいます。事実上の解雇ですね。

もちろん、初年度から高い年収を提示されるのは魅力ですし、実際、要求された成績をクリアできる人もいます。しかし、学生から社会人になったばかりでは、なかなか成果を出せないのも事実です。

人数をたくさん採用してハードな要求に応えられる人材を残すという方針なのでしょう。

事前に情報収集すれば、ある程度わかると思いますが、その手の企業に入社して、「石の上にも3年」と歯をくいしばっても、よい結果は得られません。

そもそも、そういう会社は教育体制も期待できません。上司や先輩が面倒を見てくれるわけではないので、経験の浅い新人が努力しても、限界があるのです。

ノルマのきびしさに驚いたHさんは、試用期間の半年間こそ、なんとかがんばりましたが、その後はさっさと見切りをつけ、第二新卒を募集している会社に転職しました。

半年ではあっても、社会人経験があるため、職場にもスムーズになじめ、心機一転、再スタートを切りました。幸いアットホームな会社で、人間関係も悪くなく、上司や先輩について仕事を覚えられる環境でした。

残業があっても、毎日終電だった頃に比べれば、帰宅が早くなり、ウィークデーであっても、ビジネス系のセミナーに出席したり、自分で勉強する時間が確保できるようになり、将来へのスキルアップも考えるようになりました。

一方、同期のIさんは、実家の両親に相談すると、「最初に入った会社で辛抱できないなんて……」と退職に否定的な態度です。特に公務員で定年まで勤め上げた父親は、「根性が足りない」と言わんばかりです。

内心ではあわない会社だと感じつつ、やはり3年は石にかじりついてでもがんばろうと思い直しました。しかし、半年間はなんとか乗り切ったものの、その後はさらにハードルが上がり、つらい毎日が始まりました。

土日も休めない状態が続き、Iさんは軽いうつ状態に。異変を感じた友人の紹介で心療内科を受診したところ、休職をすすめられました。心配して上京した母親に気持ちを打ち明け、ついに退職を決意しました。帰省してしばらく療養することになりました。結果的にブランクができることになってしまい、Ｉさんは早めに辞めなかったことを後悔しているそうです。

極端な例ですが、若い人であれば転職先はたくさんあります。**あわないところで無理をするより、早く見切りをつけて、自分らしく働ける会社を早く見つけたほうがいい**でしょう。

また、リストラや倒産など会社都合で退職した場合も、ハンディはあまりありません。不自然に隠そうとせず、率直に状況を説明してください。ハードな職場で働いた経験を歓迎する会社もあります。

ただ、退職後のブランクが長くなるほど、不利になるので、転職活動は早めにスタートしたほうがいいでしょう。

07

成功する人は、見切り時も心得ている！

第2章

心構え 編

08

成功する人は事前にしっかり情報収集し、後悔する人は安易に転職してしまう。

転職前の情報収集はとても大事です。転職したきっかけを聞くと「誘われたから」という人が案外多いのですが、**周辺情報や条件面などをきちんと確認せずに、転職するのはリスクがあります。**

たとえば、こんな事例があります。

Jさんは業務拡張のため、管理部門の人員を募集していると聞き、大学の先輩に誘われて転職しました。

ベンチャー企業でしたが、将来性があると感じましたし、条件面も悪くないと感じたのですが、実際は社長が超ワンマンで、なかなか社員が定着しない会社だったのです。

先輩自身は社長に可愛がられていましたが、メーカーでのんびりした社風に勤めていたJさんは、一事が万事、社長の意向に振り回される体質になじめず後悔しています。

Kさんは、転職サイトをチェックして情報収集したうえで、希望する案件にいくつかエントリー。並行して人材エージェント数社にも足を運び、登録することにしました。キャリアカウンセリングで、客観的に自分の強みと分析してもらえること、プロのアドバイスが受けられることに魅力を感じたからです。

Kさんは自分が希望する条件で転職できればと思い、いろいろなルートであたってみたものの、転職サイトでエントリーした案件からは反応がありませんでした。結局、面接にこぎつけることさえ、できなかったのです。

しかし、エージェントからは複数紹介があり、いくつかの企業の面接を受けました。面接のたびに担当者からフィードバックがあり、企業風土や人事制度などもエージェント側から詳しく聞くことができました。

登録から2カ月後、面接を受けた会社から内定をもらい、Kさんは転職しました。新興のベンチャー企業ですが、自由な社風のうえに人間関係もよく、気持ちよく働いています。

転職の可否を左右するのはタイミングとチャンスです。よい案件があっても適任の人材がいなければご紹介できませんし、優秀な方にご登録いただいても、ぴったりの案件があ

ると は限りません。応募側・採用側の両方にとってもよいマッチングを実現するには、チャンスの数を増やす必要があります。

Kさんのように**複数のルートを使い分けながら、希望する案件に出会う機会を増やすのは賢い方法**だといえるでしょう。

複数のルートは、おおざっぱに考えて次のようなものがあります。

①縁故・紹介
②ハローワーク
③自己応募
④転職サイト
⑤人材エージェント

転職を考える際にはこの5つのルートをうまく使い分けていくといいでしょう。

②については失業した人が利用するのがメインとなりますので、優先順位としては下位になります。

具体的に活動する前なら、転職サイトで情報収集するといいでしょう。現在のトレンドや相場、求人の多い職種や業種、希望する企業が募集しているかどうか簡単にわかります。また、最近は、自社サイトで求人募集をしている企業も少なくありません。行きたい企業があるなら、定期的にチェックしてみてください。

ただ、注意したいのは、インターネットには情報があふれていて、玉石混淆で、ほしい情報をセレクトするのがむずかしいということです。

ほんとうに役立つ情報をキャッチして転職活動に役立てるためには、実際に人が関わってくれるエージェントは必ずおさえておき、アドバイスを受けるのは悪くありません。登録する側は無料ですから、上手に活用してください。

「こんなはずじゃなかった……」という結果に終わらないためにも、事前の情報収集は十分おこなってください。

09

成功する人はアドバイスに耳を傾け、後悔する人は紹介される案件だけにこだわる。

エージェントへの登録は、自分を客観視するためにも有効です。

転職サイトやハローワークでは、年齢・キャリア・職種・年収など、いわゆるスペック的なマッチングはできても、募集する側がほんとうはどんな人材をほしいのか、ナマの声はなかなか伝わってきません。

これらは募集要項や応募資格を見て読みとるしかないため、ある意味で買い手市場です。

一方エージェントは、企業から依頼を受けて人材を紹介するのが仕事ですから、採用側のリクエストをよく知っています。つまり、その人の強みをどうアピールしたらいいか、企業の視点から見たアドバイスができます。

また、転職活動に対しては、次の3つをクリアにしておく必要があるでしょう。

●マスト(must)…求められること→企業側からの要求
●ウィル(will)…やりたいこと→応募側の希望
●キャン(can)……できること→応募側のスキル

採用してもらうためには、自己PRが必要になりますが、**この3つの方向が明確でないと、なかなかよいアピールになりません。**

登録にいらっしゃる方は、今、こういう仕事をしている、自分はこんなことができる、今後はこういった仕事がしたいという考えはお持ちですが、この3つにあてはめてみると、どれも足りない場合が多いのです。

というか、個人で企業側の目線で考えるのは、むずかしいでしょう。ある意味で企業側と直接、コンタクトしているプロフェッショナルが関わらないとうまくいかないのは当然だと思います。

この3つの視点からこれまでのキャリアをもう一度、掘り下げてみて、企業側がほしいと思う人材であるように、作戦を練らなければなりません。

そもそも日本人は、自分をＰＲすることに慣れていません。公の場で自己主張すること自体が苦手です。

アピールが上手な外国の方と比べると、その差は歴然としています。自分をストレートに表現することに慣れていて、それほど意識していなくても、チャンスがあれば売り込むのが自然にできている気がします。

日本人の場合、自己分析をして意見を表明するという訓練をほとんどしていないからでしょう。学校教育でもそうですし、会社においても、そういうスキルを培う機会は少ないと思います。

しかし、転職活動では、自己アピールは欠かせないと認識してください。面接というプレゼンテーションの場で、応募者のよさがうまく伝わるように、人材エージェントをうまく活用してみましょう。

前の項で紹介したＫさんは、こちらのアドバイスに素直に応じる方でしたが、以前より少なくなったものの、なかには案件の紹介さえしてもらえばいいという態度の方もいます。

エージェントによって強い業界や職種が違いますから、複数の会社に登録するのは珍しくないことです。むしろ、1つだけでなく、いくつかのエージェントに足を運んでみることをおすすめします。

しかし、「どんな案件を持っているのか」ばかりを先に聞きだそうとしても、担当者のほうが熱心になれません。コンサルティングから入るのが基本なので、そこをおざなりにされては、おすすめできる案件が手元にあるかどうかの判断もしにくくなります。

また、そういう方は条件面に対する要求は高いのに、実際のスキルや今までのキャリアをきちんと整理していない傾向があります。どんなエージェントを利用するにしろ、そこがしっかりしていないと、よいマッチングにはなりません。それ以前にご紹介すること自体がむずかしい方だと見送ることも少なくありません。

転職のチャンスは多いほうがいいでしょう。どうせ登録するなら、win-winの関係になれるようエージェントのアドバイスに耳を傾けてください。

09 成功する人は、エージェントをうまく活用する！

10 成功する人は面接で指定された時間を守り、後悔する人は自分本位で行動する。

ご紹介する案件が決まって、面接になりますが、時間を守らない方がいます。当日の仕事の状況次第とはいえ、遅刻してしまう人もいます。これは選考以前に、第一印象が悪いですね。タイムマネジメントができない人と思われてしまうでしょう。

逆に、指定された時間より、早く訪問してしまう人も少なくありません。30分前は論外ですが、15分前でもビジネスマナー的には早すぎるでしょう。遅刻しないために現地に早めに到着しておくのはいいのですが、そのまますぐお呼び立てするのは、相手にとって迷惑です。直前まで会議が入っているかもしれませんし、他の仕事との兼ね合いもあります。

できれば、オンタイムか、5分前ぐらいを目安にしてください。大きい会社であれば受付での手続きを済ませ、ロビーになどでお待ちし、指定の時間にお呼び出しいただく。それぐらいのタイミングで動く感覚が大切です。

自分のペースで行動するか、相手の都合を考えながら訪問するかで印象が全然、違ってくるでしょう。**面接の前にすでに選考がスタートしている**のだと考えてください。

中途採用の面接といっても、基本的には平日に実施されるケースが大半です。土日に面接してもらえることは滅多にありません。

現職のかたわら転職活動をしている場合、休暇をとらない限り、日中に面接に出向くのがむずかしいですが、夜であれば通常、20時頃までは対応してもらえるでしょう。

また、フレックスタイムの企業も増えているので、朝なら8時、あるいは7時スタートがＯＫな場合もあります。

とはいえ、中途採用ではスピーディな対応が重要です。せっかくオファーがあっても面接に対応できなければ、話が流れることも少なくありません。現職の繁忙期と重なる時期は避け、面接に出向く時間がとれるかどうかもふまえて、転職活動をしてください。

時間調整をお願いする時、意外に誤解をまねくのが、希望時間の伝え方です。

「希望時間：2時から4時」と指定すると、開始時間を夕方4時に設定されてしまうこともありますし、「開始希望時間：8時」と書くと、夜のつもりだったのに、朝8時の面接を指定されることもあります。

対応可能な時間帯が正確に伝わるよう、「希望時間：14時開始から16時終了まで」とするのが正解です。**時間は24時間制で指定し、開始時間と終了時間の希望を伝えておく**のです。ちょっとしたことですが、おたがいの思い違いを防げます。

また、案外多いのが日付と曜日のズレです。曜日ではなく、「○日」と具体的な日付をあげるようにしてください。

たとえば、「来週の火曜日」だとあいまいになってしまいますが、「4日」なら日付が確定されます。あるいは「4日の金曜日」で曜日が間違っている場合も、たいていは日付が優先されるでしょう。

そそっかしい人は「日付」だけを指定するほうが無難です。せっかく出向いたのに無駄足になったり、日程変更をお願いする事態にならないよう、スケジュール調整には十分注意してください。

また、相手先の会社に到着した時から、選考がはじまっているのです。

受付の方とお話ししたり、応接室に通されてお茶を出されることがあるでしょう。

面接でないからと気を抜いてはいけません。

その時の態度などを後でヒアリングするケースが意外と多いのです。来客と接する機会の多いスタッフの人を見る目はあなどれないものなのでしょう。

社長面接まで進み、人事担当者や関連部署の感触も好印象で、スキル的にも問題がないと採用が決まりかけていた人がいました。

実際、応接室の様子を見ていた女子社員が「お茶を出したスタッフにあいさつもせず、横柄で感じが悪かったですね。裏表がありそうな方でした」と答えたために、とり消しになった場合もあります。

企業側は、多彩な角度から採用を決定しますが、ビジネスマナーやコミュニケーションに問題がある人はNGです。社員が一緒に働きたくないと感じる人は見送ってしまうということも忘れないでください。

10 成功する人は、スケジュール調整をしっかりする！

11 成功する人は面接官の目で服装を選び、後悔する人は服装の対策をしない。

「面接の場合、どういう服装をしたらいいのか」

これはよく聞かれる質問です。

学生の就職活動は、まるで制服のように男女そろってリクルートスーツ一色です。ところが、中途採用の場合は、決まったスタイルがないため、迷ってしまうのでしょう。

基本的にはまず、**「自分が面接官だったら、どういう服装の応募者が好印象か」**という視点で考えてみてください。

スーツにネクタイの人が多い会社なら、絶対それにあわせたほうがいいですし、カジュアルスタイルが中心の会社なら、スーツ姿での訪問は逆に浮いてしまうでしょう。

応募する会社の業種や社風をリサーチしておけば、だいたい想像がつくでしょう。面接対策の一環としてアドバイスすることもあります。

カジュアルな服装が主流の会社は、社風もオープンで自由な半面、いわゆるおしゃれな企業が多いので、逆に選び方がむずかしくなりますね。迷うなら、事前に出勤や退勤タイムにオフィスに足を運び、昼休みなどにさりげなくリサーチしたほうがいいでしょう。

しかし、面接であれば、やはりきちんとした印象を与えるスーツが無難です。

男性の場合は、せめてジャケットにネクタイ、女性の場合はそれに準ずる服装で面接に臨みましょう。

ただし、カジュアルなファッションが普通の会社に勤務していて、退社後に面接を受ける場合は、ちょっと注意が必要かもしれません。

普段はネクタイもしていないのに、ビシッとスーツで決めて出社すると、意外に目立ってしまいます。ある方は、「今日はどうしたの?」と質問され、うまい言い訳が思い浮かばないまま、うろたえてしまったため、相手になんとなく事情を察知されてしまいました。「○○さん、転職活動をしているみたいよ」という噂が広まり、次の就職先が決まらないうちに、居づらい雰囲気になり、予定より早めに退職せざるを得なくなりました。

ほんとうはじっくり転職先を選びたかったようですが、ブランクができるのも怖かったため、内定が出た会社に即、決めてしまいました。

その後、並行して面接を受けていた第1志望の会社から、最終面接の連絡があったと知り、細心の注意を払わなかったことを後悔していました。

こういう場合は、会社で浮かない程度のジャケットなどで出社し、面接用にネクタイを別に用意しておくか、どこで着替えるなどの準備をしておくべきです。

転職活動をしていることが、在籍している会社にバレてしまうのは、いい結果に結びつきません。

転職自体はポピュラーになってきたものの、社内からは一種の「裏切り者」的な見方をされてしまい、活動がしにくくなってしまうのです。

気持ちが揺らいでいるとしても、親しくしている同僚や上司に転職について自分から、打ち明けるのは得策ではありません。もし、相談するなら、社外の人間に限ります。転職先が決まるまでは、くれぐれも悟られないように注意してください。

一方、女性のLさんは、あらかじめ、スーツやバッグ、靴など一式をあらかじめ駅のコインロッカーに預け、着替えもできる百貨店のパウダールームで身支度を調えてから面接に向かいました。

社内はラフな格好で働く人がほとんどで、スーツにパンプス姿ではいかにも目立つと考えたからです。メイクやヘアスタイルもスーツにあわせて、アレンジを変えました。

応募した企業には、準備時間が十分とれるよう、夜8時の面接をお願いしました。先方は遅い時間なのに、プレスされたシャツ、きれいに磨かれた靴で登場した彼女に好感を持ちました。

サービス業から法人営業への転職でしたが、クライアントに官公庁や大企業が多いその会社では、きちんとした服装ができることも、採用条件のひとつだったのです。

他の企業も含めて面接は何度かありましたが、そのたびに同じ方法をとったため、一度も社内に気づかれることなく、第1志望の会社から内定をもらうまで、活動を続けることができました。辞める時も上司や同僚から惜しまれ、円満退社しています。

服装の対策もしっかりしておきましょう。

11 成功する人は相手が求める見た目を想像して対応する！

12

成功する人は「志望動機」をしっかり伝え、後悔する人は「転職理由」しか伝えない。

転職を考える人は、多かれ少なかれ、今の会社でやりたいことがやれていません。そして、社内であと一歩、評価されていないと感じていることでしょう。

もし、勤めている会社で十分評価されていれば、転職しようとは思わないからです。

役職や給与面でもそうですし、たとえば、会社の上層部から自分が可愛がられていないとか、同期に比べてあまり声がかからないとか感じているでしょう。

そういう感触は、人間同士だからなんとなくわかりますし、主流にいない疎外感は、年を重ねるごとに強くなってくるものです。

だから、今の職場に見切りをつけて、新しい職場に行きたいと思いはじめるわけです。

ただ、それは個人としての「転職理由」であって、「志望動機」ではありません。

では、この2つにはどのような違いがあるでしょう。

Mさんは、直属の上司とウマがあわず、転職を考え始めました。

実際、いきなり残業を言いつけられたり、必要とは思えない書類の作成をさせられたり、あまり評判のよくない上司でした。一度、納得できずに、反論したところ、それ以来、Mさんに対する風当たりが強くなりました。

しかも、その上司は将来の社長と言われる取締役に目をかけられていて、社内では主流派です。このままでは査定もいいとは思えず、昇進も昇給も期待できないと感じたMさんは、転職活動をスタートしました。

ところが、最初の面接でことごとく落ちてしまいます。志望動機を尋ねられ、今の上司の理不尽さを訴えてしまったからです。最終面接にも進めず、すっかり意気消沈したLさんは、すっかりやる気を失ってしまい、会社でもミスを連発。別のセクションへ左遷させられてしまいました。

一方、Nさんは業界2位の会社から、業界3位の企業へ転職しました。

前の会社も居心地はよかったのですが、国内中心の事業展開で保守的な体質でした。

このままではジリ貧だと危機感を覚えたNさんが、最初は小規模でも海外へ進出すべきだと提案しても受け入れられず、上司が握りつぶしてしまいます。次第に限界を感じるようになったNさんは、歴史も浅く積極的な営業方針をとっているその会社のほうが自分にあっているのではないかと考えたからです。

同じ業界ですから、業界事情にも精通していますし、会社の方針の違いもよく理解しています。その中で、自分のやりたいことをアピールしたNさんは、企業側にとって魅力的な人材でした。収入面では若干ダウンしましたが、新規事業部のスタッフとして、今までより権限のあるポジションにつき、やりがいを感じています。

採用側は、会社を辞めたい理由を聞きたいのではなく、「なぜウチの会社に来たいのか」を知りたいわけですから、面接を受ける前にしっかり整理しておく必要があります。志望動機をきちんと説明するには、次の3つをしっかり伝えなければなりません。

● 業界の魅力

● 企業の持っている魅力

● 仕事内容の魅力

もし、同じ業界にいるのであれば、競合他社から見たその会社の魅力や価値観の良さを伝えれば説得力がありますし、別の業界なら、その業界ならではのおもしろさや将来性、自分自身が興味を持った仕事について言及すればいいでしょう。

いずれも**企業側が「なるほど」と思える視点で、「御社を志望する理由」を説明する**必要があります。

ところが、だいたい、どれか1つしか言わない人が多いのです。転職理由と志望動機がごちゃまぜになっていることもよくあります。そこをきちんと区別してアピールしないと、今の会社が嫌だから辞めるという感じにしか受け止められません。

「志望動機」がなく、「辞めたい理由」だけがある人は面接ではいい印象を与えません。やはりどの企業も不満だらけの人より、活躍している人がほしいのですから、少なくとも今あげた3つの魅力を、自分なりにまとめ、説明できるようにしておきましょう。

12 成功する人は、辞めたい理由より入りたい理由を考える！

13

成功する人は想定問答でしっかり面接対策をし、後悔する人は漠然としか考えない。

面接の成否は、事前準備がどれだけできるかにかかっています。ほぼ**8割が準備**だと思っていいでしょう。

ところが、面接の連絡が来て、そのまま臨んでしまう人がけっこう多いのです。

すでに触れた志望動機をはじめ、面接で聞かれることは、ほぼ決まっています。

たとえば、次のような項目は、手を替え、品を替え、ほとんどの企業で質問されるといってもいいでしょう。事実関係や理由も含めて、詳しくスムーズに答えられるよう、準備しておくことが必要です。

- 自己紹介
- 自分の強みと弱み
- 職歴（転職歴）

●転職時期と希望年収
●会社選びの方針

もちろん、就職活動が初めてという方はまずいませんから、面接に対して準備が必要なのはみなさん、わかっています。

ただ、多くの人が頭の中でなんとなく考えて「うまくいくだろう」と安心しているようです。その結果、面接で質問されて初めて話す時に、まとまらずに撃沈してしまいます。

やはり頭で考えていただけではダメで、一度、書き出してみたほうがいいでしょう。

このようにアドバイスをすると、長くてまどろっこしい文章をつくってしまう方が少なくありません。

面接はスピーチではなく、面接官とのやりとりですから、まとまった文章にする必要はありません。むしろ、質問に応じて臨機応変に答えられるよう、**絶対はずしたくないポイントをおさえておく**ことが重要です。

そのためにはやはり、想定問答をつくって自分なりに練習しておかないとなかなかうまくいきません。こういうやりとりも一種の慣れですので、言いよどまないように準備しておきましょう。

一般の面接の場合、フィードバックされることはありませんが、面接の出来不出来をクライアントから聞き、フィードバックするのも、人材エージェントの仕事です。

実際、よかった点や悪かった点を教えてくれる会社はけっこうあります。そのほうがありがたいですし、応募者にフィードバックすれば、今回が不採用でも次につなげることができますし、印象がよければ自信を持って次のステップに進めるでしょう。

基本はやはり**「自分がその企業にどういう点で貢献できるのか」**。これをおさえておくことです。簡単に言えば、売上を上げるか、コストを下げるかのどちらかになるでしょう。

たとえば、経理の方は売上に直結する貢献こそできませんが、今までの経験を活かして、こういう部分のコストをカットできますとか、効率的なシステムを導入して、より会社がスムーズに回るようにしますなどを、自分なりに考えてしっかり話せばいいのです。

しかし、そのポイントがズレていることもあります。

応募側が「こういう貢献ができます」とアピールしても、相手からは「当社が求めているのは、そこじゃなくて、○○というジャンルで貢献できる人なんです」と。

そう言われてもひるんではいけません。

「そこも、もちろんできます」と言い返してアピールすべきです。

日本人は議論することに慣れていませんので、一問一答みたいな応対になりがちですが、黙り込んで考え込んだりせず、もう1回、投げ返す。**先方とラリーを続けるつもりでいたほうが積極性がアピール**できます。

一番避けたいのは、自分目線の返答をしてしまうことです。

よくあるのが、「将来起業したいので」とか、「最初は営業でいいんですけど、ゆくゆくはマーケティングをやりたいですね」などと答えるパターンです。

やる気をアピールしているつもりかもしれませんが、今、エントリーしているポジションを低く見ているのと同じで好印象にはつながりません。企業はあなたのキャリアアップの踏み台でも、起業家の養成塾でもないことを忘れないでください。

13 成功する人は、面接対策をじっくりしている！

14

成功する人は当事者意識を持って発言し、後悔する人は自分目線の質問で墓穴を掘る。

面接官とのやりとりを増やすためには、自分から積極的にしかけていくことも大切です。

面接が終盤になり、ひととおりのヒアリングが終わると、先方から「最後になにか質問は？」と聞かれることがあるでしょう。

そこで、「いえ、特にありません」と言ってしまうようでは、たいてい採用になりません。

企業は受け身な人、消極的な人を求めていないからです。

では、どういう質問をすれば、よい印象を与えることができるでしょうか。

たとえば、**「御社で活躍している人はどういう方ですか？」と聞く**のは悪くないです。

先方から返答があったら、「なるほど。私はこういう点が強みですので、御社で活躍できるかもしれませんね」と答える。あるいは「私とぴったり同じです」とニコッと笑う。

最後におもしろい人だ、愛嬌があるヤツだという印象を与えることは、次につながります。

また、2次面接以降であれば、前の面接をふまえた質問をするのも有効です。

「前回の面接で、御社ではAであるとおっしゃっていた。それに対して私自身はBという意見を持っていますが、それについてはどうお考えですか?」と投げかけてみるのです。

前回の面接官から会社の意見はAであると聞いて、自分はBと考えた……。それについて、あなたはどうお思いですかと、かぶせていく方法です。

企業側は思考力のある人、行動力のある人、コミュニケーション力のある人を求めていますから、前回の面接から自分なりに考えてみて、意見が言えることを評価します。発展的な意見が表明できる＝新しい提案ができる人材としてアピールできます。

あるいは、前回の面接でライバル企業のC社、D社の話題が出たとします。

「現状ではC社もD社も同じ戦略をとっているように見えます。御社の路線が違うので、それに対してお聞きしたら、前回の面接では、『今は成長マーケットだから競争相手をそこまで気にせず、顧客優先の路線をとろうと思っている』とおっしゃっていました。たしかに、ご指摘の通りだと思いますが、自分なりに競合他社の事業分析をしてみたところ、Eというジャンルで負けているように感じます。事業を展開していくうえで、本来はここがポイントだと思いますが、いかがでしょうか」

こんな突っ込んだ質問をしてみるのです。

会社側はこちらが指摘した部分については当然、考えていますから、「もちろん検討しています」「今後、取り組んでいくつもりです」といった返事が返ってくるでしょう。

しかし、一生懸命、考えてきたんだということは好印象です。きちんと自分の言葉で発言する姿勢が評価されるでしょう。

つまり、**「最後に質問は?」と聞かれたら、自分をアピールする絶好のチャンス**です。

そこで、ぜひ御社に入りたいという熱意を伝えなければいけません。

ところが、ここで、「教育制度はどうなっていますか?」や「残業はどれぐらいありますか?」など、自分目線の質問をして、墓穴を掘ってしまう人がいます。

福利厚生や労働環境など、**「会社からしてもらえること」をフォーカスした質問はNG**です。今は企業が時間をかけて人を育てるという時代ではありませんから、教育制度については、ほとんど期待しないほうがいいでしょう。

残業時間についても、最近は年俸制の会社も増えていますから、残業という意識があること自体、よい印象を与えません。「ラクをしたいのでは？」と思われてしまいますし、「本人の生産性次第なのになぜこんな質問を？」と受けとられる場合もあるでしょう。

好印象で進んできた面接が、最後になってぶちこわしになるというケースも見られます。


ただし、これも聞き方次第です。忙しさの度合いを知りたいのなら、

「私は今、22時頃、退社する日が多いのですが、これは御社では早いほうですか？」

「繁忙期はいつですか？」

といったアプローチはアリだと思います。

経理部門なら年度末や月初が忙しいでしょうし、業界や企業によって仕事の波は違うので、そこを確認する感じで聞いてください。

要するに、自分の都合で質問しているのか、相手のことを理解したいという目線なのかで印象がまったく違ってきます。ラクをしたい、忙しいのはイヤだというネガティブな雰囲気が伝わらないように注意してください。

14 成功する人は、「最後の質問」で自分をアピールする！

15

成功する人は前回の面接をふまえて発言し、後悔する人は面接ごとの対応になってしまう。

中途採用の面接は、2～3回おこなわれます。

1次面接は現場の方、最終面接が社長あるいは取締役というパターンが大半ですが、重要なポジションの場合は、1次面接から社長というケースもあります。

前の項で、前回の面接の内容をふまえて、自分なりの考えを次の面接でぶつけるという話をしましたが、この際に注意しておきたいのが、1次と2次ではおそらく面接官の意見が違うということです。

経営陣とそれ以外では目線が違いますから、むしろそれが当然です。

現場の方同士なら、意見が一致している会社のほうが少ないと思ったほうがいいでしょう。それは、悪い意味でなく、立場によって意見が違うのは当然で、現場で問題になっていることと、経営側で課題としていることが異なるからです。

経営者は未来を見ているので、現場と意見がズレていることがありますが、一枚岩でないことにこだわらず、それが当たり前だと受け入れたうえで、柔軟に対応してください。

中途面接の場合、グループ面接はおこなわれず、面接官と応募者の1対1か、面接官が2人というケースが多いでしょう。回数を重ねるにしたがって、役職が上の方が登場するのが一般的です。

たとえば、よくあるのが1回目が人事面接、次が現場面接、3回目が社長面接という流れです。面接時間は短くて30分、長くて1時間が目安でしょう。

人材エージェントを通した場合は、面接官が誰になるか、事前にわかっています。どんな人が出てくるかわからない、一般面接に比べれば心の準備ができますし、対策を立てられます。それもエージェントを使うメリットでしょう。

面接が進むにつれて、志望動機は重視されます。**入りたいという熱意が感じられる人を優先的に採用**します。特に社長面接では、そこを強くアピールしてください。

営業職のOさんは最終面接が社長面接だと知り、思い切った作戦をとることにしました。第1志望の会社でしたし、担当者からは、モチベーションのある元気な人材を希望しているらしいと聞いていたからです。

ひととおりのやりとりが終わり、好感触だと感じたOさんは「最後に質問は?」と聞かれると、いきなり椅子から立ち上がり、勢いよく、次のように言いました。

「社長! 私は御社にぜひ入りたいと思っております。入社すれば、絶対お役に立てる自信があります! 今日この場でご決断いただけませんか」

社長は一瞬、驚いた表情になりましたが、すぐに笑顔に変わりました。

「君、おもしろいね。でも、他の企業も受けてるんじゃないの? OK出したら、もうここで決めてくれるのかな」

「もちろんです! 御社が第1志望であります! 社長、内定だと言ってください!」

社長は同席している人事担当に目をやり、その人も笑いをこらえているのを見て一言。

「わかった。私も社長だ。そこまで熱意があるのなら、ぜひウチに来てくれ。採用だ!」

「ありがとうございます! 誠心誠意、がんばります!」

ラガーマンだったOさんは、持ち前の突破力で押し切り、見事内定を勝ちとりました。

Oさんのやり方は、営業で顧客にひととおりの説明をした後、YESかNOかの決断を迫る「クロージング」という手法です。次回に持ち越したり、迷う猶予を与えないよう、その場で結論を出してもらうのですが、玉砕して終わる可能性もあり、自信と勇気がないとなかなか踏み切れません。

営業畑出身の社長は、Oさんの心意気を買ったのでしょう。キャラクター次第ですが、ハマると大成功をおさめる場合があります。

一方、Pさんは最終面接が社長だと聞いて、緊張していました。

もともとあがり症なのですが、会社のトップと話すと思うだけで、ドキドキします。

平常心で臨めばいいと自分に言い聞かせ、なんとか社長からの質問を乗り切りました。

ところが、「最後に質問は？」と聞かれた時、安心したせいか、反射的に「特にありません」と答えてしまったのです。「しまった！」と思いましたが、後の祭りです。社長は積極的な人が好きだと言われていたのです。残念ながら採用通知は届きませんでした。

15 成功する人は、社長面接で印象づける！

16 成功する人は複数の面接の予定を調整し、後悔する人は決まった順に面接を受ける。

中途採用の場合は、新卒採用と違って流れがスピーディです。

面接の連絡があったら、即行動したほうがいいでしょう。

欠員募集にしろ、増員の場合にしろ、企業側は必要な人材を少しでも早く確保したい、見通しを立てたいと考えていますから、迷っているとチャンスを逃してしまいます。

逆に、首尾よく内定が出た場合も、返事はなるべく迅速にしなければなりません。

さすがに即日とは言いませんが、少なくとも1週間以内にはお受けするか、辞退するかを決めていただくことになります。


中途採用では、1人しか採用しないのが通常ですから、複数の応募者に内定を出すことはまずありません。2人内定を出して2人ともOKなら困りますし、早く決めて採用活動を打ち切りたいのです。

新卒採用の時のように内定をプールすることはできないと認識しておいてください。

そのため、**複数の会社を受験している場合は、スケジュールの調整**が必要です。1社の面接だけがどんどん進んで、別の会社の面接がこれからになっては、本末転倒です。ゆえに、なるべく進捗状況をそろえるのがコツです。

1次面接と2次面接のインターバルは約1週間、最終が社長面接の場合は、スケジュールがとりにくいことが多いので、もう少し先になるケースもあります。

面接の可否はだいたい翌日にはわかりますので、他社との兼ね合いを考えて、次の面接の予定を入れるようにしてください。

たいていの方が現職を持ちながらの転職活動なので、スケジュールがうまく調整できないと、不本意な結果に終わってしまう場合もあります。

Qさんは、2つの会社を受けることにしました。

第1志望の会社の面接が1次・2次と順調に進み、よい転職ができそうだと喜んでいました。訪問した時の感触がよく、中堅企業としてネームバリューもあり、採用になったらぜひ、この会社に行きたいと思ったのです。

一方、第2志望の会社は、進捗状況が早く、練習を兼ねて面接に臨んでみたところ、トントン拍子で事が進みました。すぐに最終面接も終わり、内定の通知が来ていました。それどころか、若い社長がぜひ一緒に働きましょうと誘ってくれ、歓迎ムードでしたが、ひとまず保留し、第1志望の会社からの連絡を待っていました。

ところが、第1志望の会社の社長が多忙で最終面接の日程がなかなか決まりません。第2志望とはいえ、内定の返事を待たせてしまっています。

エージェントからは、「条件面談」を入れれば、もう少し時間が稼げると、アドバイスされましたが、希望を貫きたかったQさんは、返事を先延ばしにしていた第2志望の会社の内定を辞退することにしました。

やっと決まった第1志望の会社の面接に出向くと、今までとは空気が違い、年配の社長とはいわゆるソリがあわない感じで、話が弾みません。入社したいという強い熱意をアピールすることができず、結局、内定も出ませんでした。

冷静に振り返ってみると、第2志望の会社のほうが、新興企業とはいえ条件がよく、社風も自分にあっていた気がしました。練習台程度に考え、決まった順にどんどん進めてしまったことを後悔しています。

複数の会社を受ける時、このように受験する2社の予定があわないということがあります。もしも2社の面接のスケジュールがあっていたなら、おそらくQさんも後悔のない選択ができたでしょう。それだけしっかりと進捗をあわせることが大事なのです。

ちなみに、Qさんがとるべき行動はこの2つでした。

● 第2希望の会社の最終面接を少し先に延ばす
● （Qさんのように）高い評価をしてもらえたのなら、内定を待ってもらう

特に、後者については、相手を待たせてしまうということで、1人では言いにくい面もあるでしょう。そんな時こそ、エージェントに言ってもらうのです。無理に辞退しなくていいように、エージェントが状況を先方に細かく伝えてくれるでしょう。

16 転職して成功する人は、予定を調整し、比較検討して判断する！

第3章

転職までのプロセス 編

17 成功する人は退職前に次の仕事を見つけ、後悔する人はじっくり仕事を探そうとする。

「面接の時間を確保するのが大変だから、退職してからゆっくり次の仕事を探したい！」

そう考える方もいますが、実際は現職中に転職活動をスタートする方が大半です。

収入がとだえるのは不安でしょうし、退職後だとブランクがどれくらいになるか、わかりません。実際、現役感のあるうちに、転職するほうが結果もよい傾向があります。

ただし、中には厳しく時間管理されている会社もあります。

某メーカーでは朝早く夜遅いのはもちろんですが、営業マンがいつどこへ行ったか、分単位で管理しています。営業車もメーターで走行距離をチェックするうえ、客先をほんとうに訪問しているか、管理部門のスタッフが電話をして確認します。

虚偽記載や架空訪問が発覚すれば、降格も含む重い処分が下されますし、逆に発見したほうは成績になる。つまり、社員同士が監視しあうシステムで業績を上げています。

このような会社では、さすがにいったん退職しないと転職活動は無理でしょう。

これは私自身の考えですが、転職活動はあまり長く続けるものではありません。**転職しようと思ったなら、決断を先延ばしにせず、ある程度短いスパンで活動し、ご縁がある企業にサッと移籍したほうがいい**でしょう。

リサーチや周辺情報を集める期間も含めて約半年。企業と接触して面接を受け、アクティブに活動する期間が正味約3カ月。それが現実的な線です。

ある大手人材エージェントでは、登録者に対するサービス期間が3カ月以上になった場合、お客様の希望がなければサービスを終了するとしています。経験的に、それより長くフォローしても決まらない確率が高いからです。

実際、3カ月間しっかり活動して決まらなかった場合、それ以上続けても、採用になることはほとんどありません。今の段階で転職するのはいったん見送ったほうがいいと思います。今いる職場でスキルを磨き、次のチャンスをねらってください。

では、転職活動では内定獲得までに平均何社ぐらいエントリーすると思いますか？

手元にあるデータでは、平均26社だそうです。

私が手がけるケースでも、やはり20社程度に応募して、その中から面接に至るのは、3～4社、うまくいけば2～3社の内定が出るというパターンです。

新卒での就職活動と比較すると、エントリー数ははるかに少ないですが、勤務しながらの活動はなかなか大変です。ある程度、期限を切って取り組むのが現実的ですし、中途半端な気持ちでできることではありません。

ただ、今のままではいけないという気持ちはありながら、半年後に転職したいという強い思いがないという人もいるでしょう。

そんな人は1年後に自分がどうなっていたいのか、想像してみてください。

「今の会社でキャリアを積むのがいいのか、他の会社でないと思うような活躍ができないのか」

漠然と転職活動をするのではなく、**目的意識が明確になり、新しいステージが必要だと心から感じた時が、転職の適齢期**なのです。

17 成功する人は、目的意識を持ち、短期決戦でしっかりゴールする！

Rさんは、学生時代のサークル仲間と3年ぶりに集まりました。

友人が次々と転職していて、「これからは1つの会社に骨を埋めるのではなく、転職しながら自分のキャリアをつくっていく時代。チャンスがあれば、20代のうちに一度、転職したほうがいい」と聞き、なるほどと思ったRさんは転職活動をスタートさせました。

ITエンジニアのRさんに対するオファーは多く、面接には至るものの、目的意識があいまいで志望動機が弱いため、半年経っても内定がとれません。そもそも今の職場より、条件がよく、新しいチャレンジができそうな会社がなかなか見つからないのです。

自分の市場価値はこんなものかと落胆していると、次第に本業のほうにも影響が出始め、上司からも「最近、やる気がないんじゃないか」と注意される始末です。

あせったRさんは、最後に内定にこぎつけた会社に転職しました。しかし、結果的に以前の会社よりスケールの小さな仕事しかできません。キャリアアップより転職自体が目的となっていたことにようやく気づいたRさんは、次の転職先を探しています。

人の話にふり回されるのではなく、自分のための転職活動か、確認しましょう。

18

成功する人は事前に家族と話をし、後悔する人は転職が決まってから伝える。

転職は家族の生活も大きく左右します。

収入の変化、ローンの返済、転勤、勤務時間・通勤時間の違い……。

転職にともなう影響は、本人が思っているよりけっこう大きいものです。

転職活動をする前には、家族、少なくとも奥様には必ず相談するようにしてください。

お子さんがいらっしゃる場合は、特に保守的な場合が多く、転職を前向きに受け入れられない場合が、多いのです。

「日頃、家庭ではほとんど仕事や職場のことを話さないし、経済的に心配をかけることもないのだから……」

気楽に考えている方もいますが、のちのちになって夫婦関係に亀裂が入る場合も少なくありません。

Sさんは、新卒で入社した大手企業を退職し、中堅のネットベンチャーへ転職することになりました。以前から会社の古い体質に危機感を抱き、将来性に不安を感じていたからです。妻は専業主婦で子どもがまだ幼く、購入したマンションの住宅ローンの返済もあるため、収入ダウンにならないことが絶対条件でした。

幸いまだ知名度は低いものの、着実に業績を伸ばしている会社の内定がとれました。業務内容も手堅く、権限が広がって仕事もやりがいがあり、わずかながらストックオプションがつく好待遇です。

Sさんはキャリアアップになる転職だと喜んでいましたが、妻に報告すると、激怒されてしまいました。経済的な心配がなく、引っ越しがないことを説明しても、「こんな大事なことを話してくれないなんて！」とカンカンです。余計な心配をかけたくないと、正式に決まるまで黙っていたのが裏目に出ました。

あらかじめ相談がなかったうえに、無名の会社であることも妻には不満な様子です。転職を機におたがいの価値観の違いが鮮明になり、離婚することになってしまいました。

一方、WEBデザイナーのTさんは、自分のキャリアアップのため、より大きなプロジェクトが手がけられる会社への転職を考え始めました。ゆくゆくは独立して起業したいという夢があります。奥様には結婚する時から将来の希望を伝え、転職活動をスタートする時もあらかじめ相談。奥様もTさんを応援してくれていました。

数社の面接を受けたところ、第1志望の企業から首尾よく内定が出ました。小さいながらも堅実な経営方針で、のんびりしたクリエイティブな社風も気に入りました。現在の会社より幅広い業務が担当できるため、WEBプロデューサーとしてのキャリアも積めそうです。クライアントとの直取引が多く、独立した時の参考になりそうな点も魅力でした。

ところが、絶好の転職先にもかかわらず、肝心のTさんが迷いはじめたのです。

現在の勤務先は大手企業のグループ会社で、同僚たちは今の環境に疑問をいだいていません。たまに退職する人がいれば、「なぜ、わざわざリスキーな環境に？」という反応です。Tさん自身はグループ会社の力ではなく、自分自身の力を試してみたいと考えていましたが、ぬるま湯の中でやってきた自分に「どれだけの実力があるのか？」と不安を感じたのです。

そこを説得したのが奥様でした。ずっと共働きでやってきた彼女はこう励ましたのです。

「私にはきちんとした収入があるのだから、自分の信じる道を進んで、後悔のないチャレンジをしてほしい。あなたは自分の夢を追求すべきよ」
奥様の言葉に力づけられたTさんは、内定した会社に転職することを決意。新しい職場で元気に働いています。

転職に対する考え方は人それぞれです。転職自体は珍しくなくなりましたが、自分の夫や家族に対しては別というケースも意外に多いのです。

家族の理解を得ておくことは、転職活動以前にクリアにしておかなければいけません。実際、転職すると不利になることがいくつかあります。

たとえば、転職するとクレジットカードがつくりにくくなりますし、住宅ローンも組めないのが現実です。特に住宅を購入したいなら、転職前のほうが有利です。勤務先が大手企業なら特にそうでしょう。会社から住宅ローンを借りていれば退職前に一括返済し、借り換えを検討する必要も出てきます。転職は自分自身だけの問題ではなく、家族の人生にも影響を与えるということを認識してください。

18 成功する人は、家族の同意を得て転職する！

19

成功する人は口頭内定が出ても気を抜かず、後悔する人はすっかり安心してしまう。

最終面接が終わると、一両日中に採用の可否の連絡があります。

ただ、ここで安心してはいけません。必ず、雇用条件を書面で確認してください。

会社の規模にかかわらず、きちんとした企業であれば「内定通知書」を発行します。

どんなに感触がよかったとしても、これが出て初めて正式決定です。

こちらが請求しなくてももらえるのが当たり前ですから、口約束で安心せず、内定通知書が手元に届いてから、退職手続きを進めてください。

ちなみに、内定通知書には通常、以下のような項目が記載されています。

- 職務内容
- 役職
- 勤務地

- 就業時間・休日
- 社会保険
- 給与・賞与

なぜ、こんな話をするかというと、口約束だけで決めている方がけっこう多いからです。思い違いもありますし、採用担当者が入社してもらいたいために、ウソとは言わないまでも、実際より好条件に感じるよう、脚色を加えて伝える可能性もないとは限りません。

たとえば、収入面が固定給ではなく歩合制だったり、残業がカウントされない年俸制だったり、交通費の上限があったり、有給休暇が少ないなど、勤務条件が予想と違うこともあります。前職で当たり前だと思っていた福利厚生制度が一切ないケースもあります。

特に、紹介や縁故で転職が決まった場合は、知り合いが間に入っているだけに安心しがちです。詳しく聞くのがためらわれる面もあるでしょう。

しかし、**入社後のトラブルを避けるためにも、内定通知書を見て、疑問点があればしっかり確認しておくこと**が大切です。条件面で納得できなければ、この段階で交渉したり、折り合いがつかなければ辞退することもありえます。

これ以前に退職を申し出て、フライングしないように気をつけてください。


Uさんは、先輩の紹介でベンチャー企業の採用担当者と会うことになりました。

先方は若手で経理ができる人材を求めていて、Uさんはぴったりだというのです。

ゲーム業界のその会社は、スマホ用のアプリ開発も手がけはじめていて、今後、業績が伸びそうな企業でした。勤めている会社は安定しているものの、大きく成長する可能性は低い業界です。

成長期にある会社で業務を拡大していく場に身を置くのもおもしろそうだと感じ、先方からもぜひと誘われたUさんは、収入ダウンにならないことを条件に転職を決めました。

内定通知書はもらえませんでしたが、口頭で人事担当者と社長にしっかり確認したため、特に不安も感じず、入社しました。

ところが、出社してみて驚きました。

人手不足で残業も非常に多く、休日出勤も当たり前の環境だったのです。

新卒で入社した前の会社は残業手当や休日出勤手当が加算され、繁忙期が終われば代休もとりやすい社風でした。

経理セクションは他社でもそんなものだと思っていたUさんは、基本給の額面自体は変わらないものの、年俸制でプラスαがないことにびっくりしました。ショックなことに退職金制度もありません。

経理だけでも前職よりハードワークでそのうえ、総務や人事の仕事までやらされる始末です。ある程度は覚悟していましたが、会社の規模によって雇用条件が違い、書面で確認しなかったことを後悔しました。

それでも、経理のスペシャリストとして頼りにされ、仕事にはやりがいがあります。会社が発展し、将来ストックオプションで報われることに期待しつつ、がんばっています。

大事なことは口約束ですませず、必ず内定通知書を確認してから、入社を決意しましょう。

19

成功する人は、雇用条件を必ず書面で確認する！

20
成功する人は内定から2カ月以内に転職し、後悔する人はじっくり時間をかけて転職する。

転職活動は実質3カ月ですが、その後の流れをご説明しておきましょう。

内定通知書を書面で確認したら、現在勤めている会社に退職を申し出ます。口頭内定が出た段階では、万一のことがないとも限らないので、慎重にしてください。

少なくとも2週間前までに辞めることを伝えましょう。

これには諸説あり、前日でもかまわないという弁護士もいますが、引き継ぎなどを考えると常識的には2週間程度は必要だと思います。

採用側にとっては、内定通知書を発行してから1カ月後の入社がベストです。

だいたい、月初か月中を指定されることが多く、大手企業ほどその傾向が強いです。

たとえば、4月4日に内定が出たとしたら5月1日が一番望ましく、それが無理であれば、6月1日もしくは5月15日前後。だいたいそんなタイミングです。

これぐらいの期間があれば、引き継ぎには十分でしょう。消化していない有給休暇があればそれを利用して早めに退職するのもよくあるケースです。転職前のリフレッシュ休暇に当てる人も少なくありません。

いったん辞めると決めたなら、あまり長居するのはよくありません。しっかり引き継ぎをしようとがんばるのではなく、むしろあっさりスマートに去ったほうがいいのです。

というのも、転職する人材は、基本的に優秀な人が多いので、会社にとって残ってほしい人材であることがほとんどです。手順を踏んでいれば、引き留めることはできませんが、表面上はともかく、ほんとうに円満退社することはむずかしいと思ってください。

退職する理由も、正直に転職すると伝える必要はありません。

あえて言えば、「一身上の都合で」とお詫びをし、「これまでほんとうにありがとうございました」と感謝を伝える。それで十分です。

特に大切なのは、**退職にあたって会社や上司に対する不満を言わないこと**です。

辞める人間がこれを口に出してしまうと、責任問題に発展しかねません。

上司の管理責任が問われることもあります。イヤな上司であれば、溜飲が下がるかもしれませんが、お世話になった方に迷惑をかける事態になりかねないということも考えてください。

また、不満があれば希望のセクションや役職に異動するから残ってほしいと慰留されるケースもあります。心が動いて残ったとしても、結局いい結果にはなりません。

一度「辞めます」と口にすれば、会社側はいったんウチを見限った人間だと評価しますし、希望の部署に異動できたとしても、辞めるつもりだったという噂が広がり、けっして居心地はよくないでしょう。

Vさんは、しっかり引き継ぎをして、今まで勤めていた会社にせめてもの恩返しをしようと考え、先方から1カ月後に来てほしいと言われたのに、さらに1カ月伸ばしました。ところが、その間に上司はもちろん、さらにその上の部長や取締役までが出てきて慰留され、にごしていた退職の理由が転職であることを話してしまいました。

黙っているのもつらくなり、可愛がってくれた直属の上司に正直に打ち明けておこうと、転職先を伝えたところ、態度が豹変し、「裏切り者」呼ばわりされたばかりか、引き継ぎも必要ないから、さっさと辞めてくれと言わんばかりです。

Vさんは引き継ぎのスケジュールを短縮、転職前に帰省し、長めの休暇をとりました。

転職先には予定通り出社しましたが、面接の時と違い、なんとなく冷たい空気です。

取引先を回ったところ、親しい担当者から、前の会社からVさんを中傷するメールが回ってきたと教えられました。取引先を経由して、新しい勤務先にもメールが転送されているようです。

やはり転職先を口にすべきではなかったと思いましたが、後の祭りです。業界事情に精通した人材として期待されていましたが、出鼻をくじかれてしまい、途方に暮れています。

退職の理由をはっきり言わないのは、自衛のためもあります。

特に同業他社に転職する場合は、業界にもよりますが、ライバル企業に移籍するのですから、いい印象を持たない人も多いはずです。

20 成功する人は、去る鳥あとを濁さずで鮮やかに転身する！

21 成功する人は無職の期間を短縮しようとし、後悔する人は正社員にこだわる。

現職中の転職活動をはじめたほうがいいのは、無職の期間をなるべくつくらないためでもあります。

拘束時間が長く、時間管理がきびしい会社は退職してから転職活動をスタートするしかありませんが、それでも在職中に情報収集をする、なんとか時間をつくって人材エージェントに事情を話すなど、可能な限り次に向けての準備をしたほうがいいでしょう。

そういう理由ではなく、いったん辞めてから、転職活動をスタートし、なかなか就職先が決まらなかった場合、やはり「他の企業がほしいと思わなかった人材」という感じに見られてしまいます。

しばらく旅行したい、休養したいという場合でも、ブランクが長くなると、やはり「本気で働く気があるのか?」という目で見られてしまいます。

ブランクができてしまった理由を正当化するのはむずかしく、人材エージェントとしても、なかなかフォローがむずかしいのが現実です。

目安としては、**ブランクはやはり長くて3カ月**でしょうか。

それが限度だと思います。

現役感がない人を避ける傾向がありますし、ゆっくり仕事を探そうというスタンスでは熱意が足りないと見られてしまいがちだからです。

あるいは、「健康上に不安があるのでは？」と懸念する企業もあります。


ただ、親の介護など家庭の事情や、ご自身の病気などで心ならずも、長いブランクができてしまうこともありえます。

そういうケースでは、転職というより再就職になりますから、また一段とハードルが高くなるでしょう。

もちろん、理解のある企業とめぐりあって、首尾よく採用になる場合もありますが、それは運に任せるしかありません。

もし、なかなか就職先が決まらず、ブランクがさらに長くなるようなら、方針転換したほうが現実的でしょう。

たとえば、正社員にこだわらず、**「契約社員でもいいから使ってみてください」**と交渉してみるのです。意欲がアピールできますし、**無職の期間が長くなるよりキャリア的にはいい**でしょう。

Wさんは母親の介護で、勤めていた会社を退職しました。

上司からは介護休暇を申請したらどうかと言われ、引き留められましたが、予定が立つことではなく、同僚に迷惑をかけるのもためらわれたのです。

1人っ子のWさんは高齢の父だけに介護を頼むのも心配でしたし、余命宣告をされた母のそばに少しでも長くいて、十分なことをしてあげたいという気持ちも強くありました。

母は約半年後に、息を引きとりました。葬儀や実家の片付けが終わった頃には、退職から約1年が過ぎようとしていました。

しばらく放心状態だったWさんも就職活動を始めました。

しかし、思うような勤務先がありません。ブランクがネックになるのか、書類審査や面接で落ち続けてしまいます。

やっと契約社員ならという会社が見つかり、迷いつつも勤めることを決めました。

仕事自体は前職の経験が生きる職場だったので、Wさんはそこで頭角をあらわし、契約期間が切れる頃には、チームになくてはならない存在になっていました。働きぶりを評価した上司からはぜひ正社員にと言われています。

Wさんが復帰したことを知った前の会社からも連絡がありました。欠員が出たので戻ってこないかというのです。うれしいオファーに感謝しつつ、再就職させてくれた現在の会社でがんばろうと考えています。

これは新卒で就職が決まらなかった方などにも有効です。

少しでも早く社会人デビューしたほうがその後の展開がよくなると思います。与えられた場所で実績を積んで、正社員登用へのチャンスをねらってください。

21 成功する人は、なるべくブランクをつくらない！

22

成功する人は需要のある職種にチャレンジし、後悔する人は自分のしたい仕事にこだわる。

女性は転職しづらいというイメージが一部にはあるようですが、私自身は一度もそう思ったことがありません。女性は出産や妊娠などのライフイベントなどもあり、すぐ辞めるという認識は過去の話ではないでしょうか。

むしろ、「この案件はぜひ女性で」と言われるケースが増えている傾向があります。業種・職種を問わず、女性を採用する意欲のある企業はけっこう多いのです。

もちろん、「男性をお願いします」というリクエストもあります。

たとえば、経理が今、全員女性なので、できれば男性がいいというケースです。

一般的にチームが女性だけ、男性だけになっている企業では、人員構成のバランスをとるうえで、今回はいないほうを採用したいという発想が見られます。

最近の傾向として顕著なのが、とにかく営業職に女性がほしいというリクエストです。

残念ながら希望する人は少ないので、マッチングがむずかしいのですが、チャレンジする気があれば、未経験や業界が違っても狙い目の職種です。

営業の経験がない場合も、販売職なら、比較的スムーズにシフトできるでしょう。たとえば、化粧品の美容部員や、アパレルのハウスマヌカンなどは、昔から人気の高い職種です。女性であれば、美容やファッションに興味があるのは当然ですし、好きなジャンルの仕事がしたいという気持ちもわかります。


しかし、私はつくづくその中の女性の一部でも営業職に興味を示してくださればいいのにと思います。

最近はどの業界も、ＩＴの知識がある程度必要になりますが、「勉強する気があります」という意志さえあれば、ご紹介できる案件がたくさんあります。引く手あまたですから、すぐ内定するでしょう。

販売職は人気がある一方で、契約社員やアルバイトなど、非正規雇用の場合も多く、身分的には不安定です。もし、将来を考えて、正社員になりたいという気持ちがあるなら、営業職に転職するという選択肢もあるのではないでしょうか。

販売の方は接客で鍛えられていて、コミュニケーション能力が高いですし、営業トークも上手ですから、やる気さえあれば、適性がある方が多いと思います。

特に、法人営業はクライアントの担当者に男性が多いので、女性が訪問するだけで喜ばれる傾向があるようです。ノルマもさほどきびしくなく、小売業とは違い、週休2日制で規則正しい勤務体制なのも魅力ではないでしょうか。

Xさんは、デザイナーズブランドのハウスマヌカンをしています。

最初は、学生時代から大好きだったブランドの商品に触れるだけでうれしかったのですが、年数が経過するにつれ、不安を感じるようになりました。

1年ごとに更新していく契約社員で4年勤めましたが、ずっと雇用が保証されるわけではなく、ボーナスや退職金も期待できません。

このままでいいのかと悩み始めたXさんは、友人に勧められた人材エージェントに登録してみることにしました。

担当者はXさんが販売職だと知ると、人材紹介会社の営業職を勧められました。

まったく未経験の業界なので不安を感じましたが、求人票を見ると給与がアップするだけでなく、福利厚生も充実しています。面接を受けたところ、最終面接までトントン拍子に進み、内定が出ました。

新しい会社では、法人営業のセクションに配属されました。これまでは女性ばかりの職場でしたが、今度はチームの紅一点として、同僚や上司からも可愛がられています。

アパレル業界が長いXさんは、センスがよくおしゃれな人だと客先からも評判がよく、順調なスタートを切りました。

シフト勤務から週休2日に変わったことで、スレ違いが多かった恋人と過ごす時間が増え、プライベートも充実しています。社内は結婚後も仕事をしている女性が多く、ずっと働けそうな環境です。

22 成功する人は、需要のある職種にチャレンジする！

自分の志望はもちろん大切ですが、**需要のある職種は何かという目を持つと、やりがいのある仕事に就ける**可能性が広がります。

第4章

準備編

23 成功する人はわかりやすい履歴書・経歴書をつくり、後悔する人は市販の履歴書をそのまま利用。

転職活動に際して必要なのが、「履歴書」「経歴書」です。

自分を売り込むための大切なツールですから、見やすく、わかりやすく、セールスポイントを簡潔にまとめることが大切です。

市販の履歴書を利用する方もいますが、欄を埋める感じになってしまい、アピールしたい部分が弱くなってしまいますので、むしろ使わないほうがいいでしょう。

たとえば、市販の履歴書には、希望年収を記入する欄がありますが、書く必要はありません。

これも市販の履歴書を使わないほうがいい理由です。

むしろ、**現在の年収は採用側が知りたいポイントですので、ほとんどの企業から書いてほしいとリクエスト**があります。

面接で評価されれば、年収交渉も自然と有利に進みますし、高く売り込みたいのであれば、面接で伝えることもできます。書面で希望年収を書いても意味がありません。現在より高い年収を希望する気持ちはわかります。ただ、今より少し上げたいと言われても、客観的に見て根拠のないことが多いのです。もちろん、入社後に年収交渉をするのは大変ですから、金額にこだわる場合は、書面ではなく面接でがんばってください。

また、デザインやレイアウトもけっこう大事です。

履歴書・経歴書のサンプルはインターネットで検索すると、たくさんヒットします。自分が使いやすいパターンを選んでまとめてみてください。

あと、これは意外と知られていないことですが、写真はなくても書類審査は通過します。実は、最近はつけない人のほうが多くなっています。そもそも履歴書に写真を貼る文化は日本にしかありません。ただし、女性の場合はあったほうがいいと言われています。

もちろん、履歴書・経歴書は受験企業にあわせて、記述を変えるのがベストですが、転職活動は時間との戦いなので、書類作成に手間どるとタイミングを逸してしまいかねません。**きちんとしたものを1つつくっておけば、ほとんどの企業に対応できる**でしょう。

とりあえずは、自分の実績やセールスポイントをサンプルにあわせてまとめてみてください。人材エージェントに登録する場合はそれを参考に、どういう条件の方なら求人があるか、どういうスキルを身につけたら、より案件が紹介されやすいのか、アドバイスしてもらえます。

書類作成と言っても、表現のしかたはいろいろです。中には、通常の履歴書・経歴書だけでなく、パワーポイントなどを活用して自己PRの資料を作成する方もいます。ビジュアルつきで簡潔にプレゼンテーションできるので注目されます。

最後に、ひとつおもしろい自己PRの例を紹介しましょう。

営業職のYさんは、商品の紹介やマーケット動向などを説明するために、日頃からパワーポイントでプレゼン資料を作成していました。

新しい情報が随時追加できますし、独自にグラフや図を入れて、ポイントを押さえた説明ができるのでクライアントからも好評でした。タブレット端末に入れておけば、すぐに見せられますし、分厚いカタログなどを持ち歩く必要がありません。

転職活動にあたっても、得意のパワーポイントで、「営業マンYの、格闘の軌跡」というタイトルで新卒入社した時からこれまでを３つの時代に区切り、エポックメイキングな実績を軸に、ちょっとコミカルな物語形式で自己紹介資料をつくってみました。

奇抜すぎるかとも思いましたが、自分の持ち味がアピールできると考えたのです。

採用担当者にはおもしろいから「ぜひ最終面接でも」と言われ、社長の前でも披露したところ、大変好評で、その場で採用が決まったのです。入社後には「プレゼン型の営業スタイルを、他の社員にも伝授してほしい」という要望があり、毎日、はりきって仕事に励んでいます。

履歴書や経歴書は自己アピールをしっかり行うためのものでしかありません。いかに見やすくわかりやすく自己アピールできるかを念頭に入れてつくってみてください。

23 成功する人は、プレゼン効果の高い経歴書を作成する！

24
成功する人は企業のＩＲ情報をしっかり読み込み、後悔する人はおざなりにしかチェックしない。

受験企業に対する情報収集も大切です。

相手を理解していないと、面接でもきちんとしたやりとりになりません。

ぜひおすすめしたいのが、**企業サイトで公開されているＩＲ情報にしっかり目を通しておくこと**です。

投資家向けの資料で非常によくまとまっているので、企業研究には絶好のテキストです。会社の財務状況だけでなく、その企業をとり巻く業界の動向とか、事業戦略などが網羅されているので、全部マスターするつもりで、じっくり勉強しておくといいでしょう。

それにプラスしてライバル会社もチェックします。経営方針や事業戦略の違いが比較できますし、その会社の強味やウイークポイントもだいたい理解できるはずです。

事業規模が大きくない企業の場合は、その業界のリーディングカンパニーは上場しているケースが多いので、そちらを見ておきましょう。

受験企業についてはダイレクトにわからなくても、業界全体のことはとりあえず把握できるはずです。

該当企業のＨＰにアクセスするだけですから簡単ですし、費用もかかりません。面接対策だけでなく、転職先を選ぶ際にも有効な手段だと思います。

ところが、実際にはＩＲ情報どころか、受験企業のサイトすらチェックしていない人が意外に多いのです。

対外的に公開されているわけですから、企業秘密でもありません。熟読しておけば面接の際にも積極的に対応できます。こちらから質問する場合もＨＰの情報をふまえてより突っ込んだ内容で発言できるわけですから会話も弾み、一石二鳥です。

御社のことを考えている、ぜひ入りたいという熱意をアピールできるでしょう。

特に、同じ業界ではなく、別の業界を受験する場合は、リサーチする時間があまりありませんから、受験企業やライバル企業のＨＰをすべておさえ、インターネット上で拾える情報は全部、頭にたたきこんでおくつもりで面接に臨んでください。

メーカーに勤務する総務のZさんは、勤めている企業が同族経営で古い体質のままであることに見切りをつけ、転職を考えました。

人材エージェントに登録したところ、ネット関連企業の募集案件を紹介されました。条件も悪くなく、先方が求めるスキルを満たしていて、オファーがあったため、面接を受けてみることにしました。

ビジネス系のソフトやシステムはひととおり使えるものの、インターネットに詳しいわけではありません。まったく違う業界ですから、まずは予備知識を仕入れようと受験企業はもちろん、ライバル企業数社のＨＰをチェックし、ＩＲ情報を熟読しました。

株主総会の事務などを担当したこともあり、他社のＩＲ資料などに目を通すことも多く、抵抗がなかったのです。すると、社歴こそ短いものの同業他社にくらべ、財務状況がよいうえに、将来性のあるシステム開発に乗り出していることがわかりました。

面接でそのことを話すと非常に好印象だったようで、社長面接がすぐに決まり、その場で内定が出るほどでした。

入社後に話を聞くと、内定辞退が続いた時にZさんが現れ、「わが社の実態を正確に理解してくれる人材だ」と社長が大喜びだったそうです。Zさん自身、不安なく転職を決めましたが、社長からも目をかけられ、はりきって仕事をしています。

一方、1次・2次面接を無事通過したAさんは、最終面接に臨みました。

Aさんは以前、ある勉強会でその会社の取締役の講演を聞き、懇親会でも名刺交換していました。知人から次期社長の呼び声が高い人だと聞いていたので、志望理由の1つとしてそのことに触れました。

ところが、その取締役はすでに降格されていて、結局、Aさんは採用されませんでした。HPに目を通していれば、経営陣が刷新されていることがわかったはずだと後になって気づきました。

熱意や能力は充分あるのに不採用になるのは、HPをチェックしていなかったなど、惜しいミスがあったりします。

24 成功する人は、IR情報をきちんと押さえている！

25 成功する人は受験企業のサービスを自分の目で確かめ、後悔する人はサービスの存在だけ知っている。

受験する企業を理解するには、インターネットの情報だけではなく、ビジネスの現場に足を運んでみることも必要です。

店舗展開している会社であれば、実際に訪問してみる。もし、5つの店舗があれば、全部に行ってみるといいでしょう。

あるいは一般向けのサービスを提供している企業であれば、自分が顧客になって利用してみる。簡単なことですが、これもまた、案外やっていない方が多いのです。

でも、考えてみてください。

たとえば、アマゾンや楽天のようなネットショップを展開している企業を受験するのに、まったく利用したことがないという人は論外だと思いませんか？

少なくとも買物をしてみて、取扱品目やサービス内容を把握し、両者を比較して、自分なりに特徴や課題を指摘するぐらいのことはやってみるべきでしょう。

面接の際の話題にもなりますし、意欲をアピールすることができます。


ＢｔｏＣ（個人向け）のサービスを展開している企業であれば、リサーチは案外簡単です。店舗に行ったら、接客や品揃えをどうか、レイアウトや内装、掃除が行き届いているかなどをチェックし、競合店にも足を運んでみましょう。


同じエリアの中に競合店があるかないか？

出店のロケーションは駅前が中心なのか、それ以外なのか？

実際に行ってみて、初めて気づくことがあると思います。


たとえば、ファストフードなら、マクドナルドは駅前の一等地が多く、モスバーガーは比較的、住宅地に近いエリアに店舗があるという傾向があります。

それはなぜか。出店するロケーション自体が企業の重要な戦略だからです。

一般にもよく知られた大手企業であれば、インターネットや書籍である程度の情報をキャッチできますが、知名度の低い企業や中堅企業では、そういうわけにはいきません。

やはり自分自身で情報収集することが大切です。具体的な話ができるかどうかで、印象が全然違ってきます。**ＨＰの記述をおさえる以上のことを面接当日までにどう準備するかで差がつきます。**

もちろん、マーケティングが専門の人は少ないでしょうから、細かく分析する必要はありません。マトリックスをつくり、受験企業とライバル企業を比較して、○△×をつけていくだけでもいいでしょう。

それだけでも、熱意を持って調べてきたんだという自己アピールになります。

自分なりに考察することが大切なので、違っていてもかまいません。

実際に自分の目で見て、論理的に意見が言えることが大切なのです。

ＢｔｏＢ（企業向け）のビジネスを展開している企業の場合、個人でサービスを試してみるのはむずかしいものの、リサーチはある程度できると思います。

たとえば、クライアントにそのサービスを利用している企業があれば、担当者にそれとなく評判を聞いてみたり、友人に関係者がいればヒアリングしたり、アンテナを張っていれば情報が入ってくるものです。

自分のできる範囲で受験企業をしっかり理解して、転職活動に臨んでください。

情報をどのくらい集められるかが、採用の可否の決め手になることもあります。

外資系のリテール企業に転職を希望しているBさんは、新規出店のためにスタッフを募集していると知り、さっそく応募しました。以前からこの企業のファンでしたが、応募にあたり、近郊にある店舗をあらためて回ってみました。すると、最寄りにはないアイテムを扱っていたり、ディスプレイが違うなど、店舗によって、かなり違いがあることがわかりました。オープンしたばかりの店舗では期間限定のコレクションが並べられ、ひとめぼれしてしまいました。

面接でそれを話すと、店舗や商品に精通していることが評価され、見事採用に。念願の企業に転職できたことに満足しています。

ネットでの情報だけでなく、「＋α」の情報をいかに得ていくのかを考え、行動に移してみましょう。

25 成功する人は、フットワークよく情報収集をしている！

26

成功する人は資格にこだわらず、後悔する人は資格で転職しようとする。

スキルをアピールするための手段として、資格を得ようとする人がいます。

ひとくちに「資格」と言っても、宅建や外務員などの業務に必要な資格、自分の勉強の成果として取得する資格などいろいろあります。

ただ、少なくとも転職において有利になるのはかなりレベルの高い資格です。

たとえば、弁護士、公認会計士、英語で言えばＴＯＥＩＣ９００点以上。取得すること自体がかなりむずかしい資格でないと有利に働くことはありません。

ＴＯＥＩＣにチャレンジしている人は多いですし、英語が役立つ仕事は少なくないので、より高い点数にトライすること自体はいいのですが、９００点未満の場合は、あまり付加価値にはなりません。

もし、**資格をアピールするのなら、自分のキャリアや経験に直接結びついていて、実績を上げることに貢献していなければ、あまり説得力がない**でしょう。

たとえば、私はキャリアコンサルタントですが、講座を受講して資格を持っている人なら、日本で何万人もいるはずです。

しかし、その中で実際、どれくらいの人がキャリアコンサルタントとして活躍しているでしょうか。基本的には企業の人事部や人材会社などに勤務している人が大半で、独立した職業としてやっている人はごく一部でしょう。

資格を持っているかではなく、実績があるかどうかなのです。

これは、司法書士や行政書士、社会保険労務士などのいわゆるサムライ業、ファイナンシャルプランナーやインテリアコーディネーターなどのカタカナ職業でも同様です。

資格を持っていることは入口にすぎず、実際にそれで「メシが食える」かどうかは、その人次第です。

そのジャンルの知識や技能を修得したくて勉強するのはいいのですが、**転職に有利だから資格を取得するのは本末転倒**です。履歴書に1行追加することはできますが、経歴書のほうに関連する実績がなければ、自己PRにはならないのです。

金融機関に勤めるCさんは、勤務のかたわら苦労して「中小企業診断士」の資格を取得しました。Cさんはコンサルティング会社に転職を考えていて、セールスポイントになるものがほしかったのです。

それに資格をとっておけば、ゆくゆく独立開業も夢ではないかもしれない、という淡い期待も抱いていました。融資部門を担当するCさんにとって、受験勉強自体、幅広い知識を得るのに役立ちましたし、合格率の低い資格がとれたことに達成感を感じました。

しかし、実際に転職活動をスタートしてみると、書類選考で軒並み落ちてしまいます。応募者には、公認会計士やMBAなど、もっと高い資格を持った人が大勢いたのです。

やっと面接にこぎつけた会社に出かけてみると、先方は中小企業診断士の資格には興味がなく、Cさんの融資担当者としてのキャリアに注目していました。

辞めたいと考えている会社での仕事が評価されていることを知り、資格をとれば新しい道が広がるに違いないと思い込んでいた自分を反省しました。

Cさんは転職活動を中止。今の職場で中小企業診断士の資格を持つ融資担当者として、キャリアアップしていこうと思い直しています。

一方、公認会計士のDさんは、外資系の税理士法人で働いていました。

待遇や給与面では不満はないものの、ルーティンワークが多く、自分は事業会社のほうが向いているのではないかと考えはじめました。

公認会計士の資格には競争力があると考え、気軽に転職活動をはじめましたが、２次面接までは進むものの、最終面接で落ちてしまいます。経営に近いポストでの転職を希望していましたが、なかなかうまくいきません。

内定が出たのは、最近、海外に積極的に進出している企業の経理部門でした。海外の子会社との連結決算ができ、英語ができる人を求めていたのです。自分自身ではおもしろくないと思っていた業務の経験を買われてのことでした。

「経理部門のスペシャリストとして経営に関わるのもいいかもしれない」

発想を変えたＤさんは、その会社に転職することにしました。

今勤めている会社でいかに実績をつくっていくか、それに専心していくことが一番キャリアアップにつながる近道になるのです。

26 成功する人は、資格より実績で勝負する！

27

成功する人は人から評価を聞こうとし、後悔する人は人の評価に耳を傾けない。

転職のためには「自分の強み」をアピールすることが必要と繰り返しお伝えしていますが、その強みを客観的に把握しておくことも大切です。

「ストレングスファインダー」をご存じでしょうか。

１８０問の質問に答えていくと、自分の強みとなる５つの資質を明らかにしてくれる診断テストで、米ギャラップ社が開発したものです。

『さあ、才能（じぶん）に目覚めよう』（マーカス・バッキンガム、ドナルド・O・クリフトン著：日本経済新聞出版社）という書籍などを購入すると、アクセスコードがついていて、オンラインで診断が受けられます。薄々感じていた長所が言語化できたり、今まで気づかなかった資質が明らかになったりするので、興味があれば一度試してみてください。

また、身近な人に一度に「俺のセールスポイントって何だろう？」と聞いてみると、案外、率直な意見が返ってきます。

「明るくて、初対面の相手ともフランクに話せるところがいい」
「いったん決めたことは面倒なことがあっても、粘り強くやり通すよね」
「新規開拓に強いよね。その後のフォローはイマイチだけどさ」

「ああ、人からはそう見られていたんだ」と納得する部分もあれば、反省するところもあると思います。大勢の人に聞く必要はありません。**身近な2〜3人にヒアリングするだけでも発見がある**でしょう。

私自身、起業する時に親しい友人に、「自分の強いところは何か」を聞いてみました。「高野は守るよりも、新しいプロジェクトをスタートするのが得意だよね」と言われ、やはりそうかと納得して独立を決意しました。

人は自分のことがわかっているようでわかっていないものです。他己評価に一度、ぜひ耳を傾けてください。

転職活動を続けていくと、自分の「市場価値」を痛感させられるシーンに直面するかもしれません。

当然ですが、書類審査の段階で落ちることもありますし、面接にこぎつけても採用になるとは限りません。せっかく登録していただいても、残念ながら、案件をご紹介できないことも多いのです。

人材エージェントを通した応募の場合、「なぜ自分がダメだったのか」がある程度はわかります。企業からフィードバックがありますし、大勢の方を見てきた今までの蓄積があるからです。

では、落ちてしまう理由の大半は何だと思いますか？

厳しいことを言うようですが、スキルが足りない、仕事の結果が出ていない、目立った実績がないことに集約されてしまいます。

若い方であればある程度、転職しやすい状況がある一方で、ほんとうに実力のある人を求める案件では、シビアな選考をされているのもまた事実です。

Eさんは同僚との人間関係がうまくいかず、転職したいと考えていました。上司ともぎくしゃくしていたため、環境を変えたかったのです。

人材エージェントに登録に出向いたところ、これといったセールスポイントがなく、ネガティブな転職理由は志望動機にならないことを指摘されました。

たしかにEさんは職場を変えたいだけで、具体的にどういう企業でどんな仕事をしたいのかは二の次でした。転職できればどんな会社でもいいとさえ、思っていたのです。

ハッとしたEさんは、仕事に対する態度を見直しました。今の職場でせめてなにかをやり遂げてから辞めようと考えるようになったのです。

ウマがあわない上司や同僚とはビジネスライクでいようと割り切りました。すると、不思議なことに周囲との関係も改善し、新プロジェクトのチーフに抜擢されたのです。幸い好成績をおさめ、その実績をもとに、業界上位の企業に転職を果たしました。

仕事でもこういった人のアドバイスに耳を傾けられる人は伸びます。耳が痛いという気持ちもわかりますが、よりよい仕事について活躍するためにも素直に耳を傾けましょう。

27 成功する人は、外からの評価を積極的に受け入れている！

28

成功する人は広いネットワークを持ち、後悔する人は交際範囲が狭い。

人づきあいのよさやネットワークの広さも、多かれ少なかれ転職活動に関わってきます。

たとえば、他業界に転職したいと考えた時、その業界に知人がいれば雰囲気がわかりますし、親しい人なら業界事情などをヒアリングできるかもしれません。

- なんとなく見当がつく
- その気になれば話が聞ける
- 関連業界に知人がいる

ちょっとしたことですが、この差は意外に大きいと思いませんか?

まったく白紙の状態で受験するのと、予備知識があってチャレンジするのでは心の余裕が違います。

ビジネスは情報戦です。人との接点が多い人には情報が集まってきますし、相談に乗ってくれる人も見つかりやすいものです。転職活動だけでなく、**交際範囲が狭いより広いほうが、人づきあいが悪いよりよいほうが長期的に見て成功しやすい**でしょう。

ただ、交際範囲を広げるといっても、どうやって広げていくかの目線が大事です。名刺交換しただけでは、自分という人間を知っていただくことも、相手を知ることもできませんし、おつきあいも深まっていきません。

やはり自分のバリューを上げて、Ｗｉｎ－Ｗｉｎの関係をつくっていかなければなりません。つまり、相手がしてもらってうれしいことをやっていくことです。しかし、そこに気づいて実行に移す人はなかなかいません。

たとえば、知人が著書を出版したとします。献本されて読む、あるいは購入する。ここまでやる人はいますが、レビューを書いたり、ブログで紹介する人はなかなかいません。また、相手が宣伝してほしいと思っているサービスがあれば、フェイスブックで紹介したり、ツイッターでつぶやく。1つ1つは小さいことですが、続けていくうちに感謝と信頼が生まれ、自分自身のバリューにつながります。

ビジネスパーソンであれば、仕事で成果をおさめることにつきます。たとえば、私の仕事であれば優秀な人材をご紹介し、入社後に活躍していただくこと。それを繰り返すことがバリューになります。信頼してもらえればよい人材も求人も集まってきます。

あるビジネスセミナーに参加したFさんは、修了後、講師を囲む懇親会に参加しました。かねてから講師である経営コンサルタントの著書を愛読していて直接、話してみたいと思っていたのです。気さくな人柄で話がはずみ、楽しいひとときを過ごすことができました。

参加者全員に著書が配られ、読了後、Fさんは自分のブログに紹介記事を掲載。フェイスブックやツイッターでも情報を流しました。

コンサルタントには御礼のメールを送り、「よろしければご覧ください」とブログのURLを書き添えたところ、思いのほか喜ばれ、新刊が送られてくるようになりました。

恐縮したFさんは、ささやかながら感謝の気持ちを示そうと、献本されるたびにブログに記事を書きました。運命はそれから動き出します。

「ある企業で新規開発のスタッフを募集している。とりあえず、話だけでも聞いてみないか」

何回か続いた頃、なんとそのコンサルタントから連絡がありました。

思いがけないなりゆきに驚きましたが、チャンスがあれば、転職したいと考えていたIさんは、思い切ってその企業を訪問してみることにしました。

先方の対応も丁寧で、新規事業の説明やどういう部分を担当してもらいたいのかなど、詳しく話してくれます。仕事も興味のあるジャンルだったため、Fさんは応募することを決めました。

その後、役員面接を経て、その会社で働くことになりました。コンサルタントとも交友が深まり、各界のキーパーソンを紹介される機会が増えています。

Fさんが実際にやっていたことは特別なことではありません。相手のためにやっていたことが、Fさんのバリューになったのです。

ただこの際、内容のない情報発信だけはやめておきましょう。

28 成功する人は、自分のできることで「バリュー」を提供する！

29

成功する人はＳＮＳをうまく活用し、後悔する人は自分の印象を悪くする。

フェイスブックやツイッターなどのＳＮＳは、近年急速に広がり、友人・知人とのコミュニケーションツールとしてすっかり定着しています。

近況を伝えあったり、情報をシェアしたり、あるいは交友関係を広げたり、多彩に活用されるようになりました。気軽なメッセージのやりとりにも使われています。

人によって使い方はさまざまですが、転職を考えているのなら、**不愉快な内容やネガティブなことは一切、書かない**のが大切です。

個人であると同時に、ビジネスパーソンでもあるのですから、社会人としての良識を疑われるような発言はすべきではないでしょう。自由に発言できないのがいやなら、最初から利用しなければいいのです。

ネット上とはいえ、ＳＮＳは公共の場です。

フェイスブックやツイッターでのあなたの発言は、誰に見られているかわからないと認識しましょう。

自分では「友達」や「フォロワー」にはプライベートな知人しかいないと思っていても、その友人の先にはたくさんの人々が存在しています。

その交友関係をすべて把握していますか？

実際の会話と同様、いったん投稿した内容は回り回って、どう広がっていくかわかりません。だれかに聞かれてまずいような話はしないほうが無難です。

元の発言を削除しても、シェアやリツイートでいったん拡散されてしまうと、コントロールはできず、ネット上にいつまでも残ってしまいます。

匿名のアカウントであっても、だいたいは素性がバレてしまうものです。

特に、**人事担当者は応募者のアカウントをほぼ100％チェックしている**と思ってください。最近の投稿やつぶやきだけでなく、過去の発言をさかのぼって見ていることも多いです。実際、その人の書き込みを読めば、人柄や考え方、交友関係などが手にとるようにわかります。

社員でしか知り得ない自社の情報を公開するのは論外ですが、人に対する中傷や悪口、根拠のない批判、社会人として不適切な言動が見受けられれば、もちろん不採用です。**友達の人数は関係ありませんが、書き込みの内容は問われます。**人間性を疑われるような書き込みをしないよう、十分に気をつけてください。

採用担当のGさんは、最終面接に残った2人の応募者の書類をチェックしていました。スキルや実績はほぼ互角で、経歴を見ても甲乙をつけがたい感じです。来週予定されている面接の感触で決めることになるだろうと思っていましたが、ふと気づいて、彼らの氏名で検索してみました。

すると、SNSのアカウントがヒットしたのです。

Hさんのアカウントはプライベートで活用しているらしく、フェイスブックでは友達との交流や家族との出来事に関連する投稿が多いようでした。しかし、ある書き込みから、ツイッターのアカウントがあることがわかり、そちらにアクセスしてみると……。

一応匿名にはなっているものの、仕事の不満や愚痴の数々がつづられたタイムラインが出てきたのです。違う業界の人には気づかないかもしれませんが、同じ業界ならピンとくる会社の内情に触れた書き込みもありました。

もう1人のIさんのフェイスブックは、交友関係の広さを感じさせるものでした。アウトドア仲間との写真や投稿もありますが、ウィークデイはビジネスに関連する発言が多く、紹介している書籍や記事を見ると、思いのほか勉強家であることがわかりました。

友達のコメントを見ても情報感度が高い人が多く、おたがいに有益な情報をシェアしあっていることが伝わってきます。

学生時代の友人、勤務先の同僚や上司、社外のネットワークと、SNSをうまく活用して、さまざまな人たちと良好な関係を築いているのが理解できました。

パソコンを閉じた後、互角だと思っていた2人の候補者のどちらを押すか、Gさんの心は決まっていました。

SNSを利用しているのならば、ポジティブな投稿を心がけることが大切です。それが思わぬ差になるかもしれません。

29 成功する人は、SNSで有益な情報を発信している！

30 成功する人は社外にネットワークを広げ、後悔する人は人間関係を広げる努力をしていない。

転職の際、他業界の知り合いがいると、情報収集がしやすいというお話をしました。機会があれば、直接、業界事情や仕事の状況を聞くことができますし、リアルにイメージできます。

では、社外のネットワークを広げるにはどうすればいいでしょうか。

学生時代と違い、いったん社会に出ると仕事が忙しいうえに、自由になる時間は限られ、知らず知らずのうちに人間関係は狭くなりがちです。ふと気づいたら、自宅と会社の往復になっていた……という場合もあります。

転職を考えているかどうかに関わらず、別の会社や業界の人との接点を増やすために、時間をやりくりして異業種交流会やセミナーに参加するのはいいことだと思います。

しかし、積極的にネットワークを築きたいなら、**自分で勉強会を主宰することをおすすめします。**年齢が上がって役職がつくと、さらに時間がなくなりますから、できれば早いうちにスタートするといいでしょう。

同僚、学生時代の友人、クライアントの担当者など、ごく身近なところから声をかけてみてください。

テーマを決めてディスカッションしてもいいですし、スピーカーを交代制にして、その人の仕事の話を聞いてもいいでしょう。話題の本の読書会もアリだと思います。趣旨に賛同してくれる人が気軽に集まって、不定期でもいいので続けてみましょう。

とはいえ、無理に勉強会の体裁をとらず、最初はただの飲み会でもいいです。会社や業種の枠を超えて集まる場をつくるだけでも意味があります。

私自身は会社員時代から勉強会や読書会、懇親会など、いくつかのコミュニティを立ち上げてきました。20代は異業種交流会をやって、さまざまな業界の人たちと知り合いになり、30歳前後でスタートした朝の読書会は長く続き、世代の違う人たちと交流しました。

参加者自身、イベントを企画する人が多いので誘われれば参加します。そこに行けばまた、自分のネットワークにいないタイプの人たちと出会うことができました。

今では当時知り合った人たちとビジネスの話をするようになっています。私が起業したせいもありますが、彼らはポジションが上がり、それなりの責任や決裁権を持つ立場になったことが大きいのでしょう。

すぐ仕事に役立つわけではありませんが、**10年後にビジネスでつながればいいというぐらいの長いスパンで考える**ことが必要です。すぐに結果を求める人には無駄に感じるかもしれませんが、将来への投資だと考えてみてはどうでしょう。

1つの会社に長くいると、いつのまにか、自社の常識が世間の常識だと思い込んでいることもあります。それを払拭するためにも、ネットワークを広げてください。

メーカーでエンジニアをしているJさんは会社の先行きに不安を感じ、転職を考えはじめました。老舗ではあるものの、時代の変化に対応できておらず、採用も新卒中心のせいか、改革していこうという気持ちのある人が少ないのです。

成長産業が狙い目だと思い、以前から参加している読書会のメンバーに、さりげなくリサーチしてみました。

彼らの意見では、やはりネット業界やゲーム業界が強く、これからはＷＥＢ系のエンジニアやスマホアプリの開発にシフトしていける人が強いと言います。最近、友人の１人が人材エージェントを通して好条件の転職をしたことも聞きました。

世間話程度とはいえ、社内では決して得られない有益な情報でした。

Ｊさんはさっそく自分のスキルで対応できる求人があるかどうかを調べはじめ、そのジャンルに強そうな人材エージェントに登録しました。

チャンスをつかむ人は例外なくフットワークが軽く、ネットワークを広げています。最初は飲み会を開く程度の小さな一歩でいいので、勉強会をはじめてみませんか？

30 成功する人は、自分自身でコミュニティを主宰している！

第5章

仕事先の選び方 編

31

成功する人は成長中の業界を選び、後悔する人は成長後の業界を選ぼうとする。

現在、求人がたくさんあって成長している代表的な業界は次の4つです。

● インターネット
● スマホ
● モバイル
● ゲーム

これからはアジアの時代と言われますが、それよりも日本のインターネット業界の伸びが大きいのです。実際、業界の成長に人の供給が追いついていない状況です。

転職するならやはり、伸び盛りの業界がおすすめでしょう。案件数が圧倒的に多いうえに、仕事のやりがいや裁量も大きいことが多く、年収アップも期待できます。

これらの業界はベンチャーと呼ばれる企業が大半なので、新しい業界ならではのリスクを懸念する人もいます。

しかし、そもそも今では知名度のある大企業のも昔はベンチャー企業だったのです。

この時代に生まれたからこそ、体験できる業界にチャレンジするほうが確実に大きなチャンスにめぐりあう確率が大きくなります。

また、こうした時代の流れをつかもうという人が増えて、その業界はさらに活気づくように感じます。

たとえば、東京大学の卒業生の就職先も様変わりしています。

２０１４年春の朝日新聞の内定者の中に東大卒が初めていなかったことが話題になりました。

国立の最高学府として、かつては本流だったはずの国家公務員のキャリアを敬遠し、優秀な人材が外資系に流れ始めたことが、グローバル化の象徴とされたこともあります。

少し前までは、外資系金融、外資系コンサル、総合商社が「御三家」と呼ばれていました、しかし、今では、サイバーエージェント、ＤｅＮＡ、グリーという大手ＩＴ企業が「新御三家」として注目を集めています。

東大生の就活動向はまさに時代を反映していると言えるでしょう。

この3社は、会社の規模や歴史より、自分の意欲や能力を活かせる企業を希望する学生の就職先としても人気を集めています。

仕事はハードですが、初任給も高く、実力のある学生には魅力的なのでしょう。

安定志向だけではない学生が確実に増えています。


ただ、これらの企業は「メガベンチャー」と呼ばれ、社員数も2000人規模と大きいため、大企業とベンチャーのいいとこどりをしているとも言えます。

今後の飛躍が期待できるベンチャーにこそ、大きなチャンスがあるわけですが、新卒でも中途採用でも、ブランド企業を志向する人が多いのは、それ以外の企業を知らないせいもあります。


Kさんは新卒時の選択を後悔していました。

ジョブフェアでたまたまブースに立ち寄ったモバイル系のベンチャー企業、X社の事業内容に興味を持ちました。話を聞いたところ、若い社長と意気投合。内定が出て、自分としてはぜひこの会社で働きたいと思いました。

しかし、両親が大反対。結局、東証一部の上場企業を選びました。

一方、友人のLさんは、Kさんが内定を辞退した後、心配する親を説得し、その会社に入社しました。

X社その後、大躍進を遂げ、今では業界のリーディングカンパニーに成長しました。Lさんは海外を飛び回る活躍ぶりだそうです。

Kさんが入社していれば、社長の片腕として活躍していたかもしれません。

現在の会社は業績がふるわず、今月から早期退職者の募集がはじまりました。Kさんは今度こそ、自分の目を信じ、新興であっても有望な企業に転職しようと考えています。

知名度にこだわらず、将来性のある企業をご紹介するのが、私たち人材エージェントの役割です。転職の場合は、新卒の時とは違った視点で企業選びができるのではないでしょうか。会社の規模や人気に目を奪われるのではなく、**実質本位の選択をしてください。**

31 成功する人は、新しい業界に飛び込むことを恐れない！

32

成功する人は複数の転職サイトを比較し、後悔する人は案件数の多いサイトだけ登録する。

転職のルートにはいくつかありますが、もっとも身近なのは求人サイトを利用する方法でしょう。たくさんのサイトがあり、それぞれに特色があります。

代表的な転職サイトをご紹介しましょう。

- リクナビＮＥＸＴ
- ｅｎ
- ＤＯＤＡ
- マイナビ
- ＦｉｎｄＪｏｂ！
- エンジニアＴｙｐｅ
- Ｗｏｍａｎｔｙｐｅ

案件数が圧倒的に多いのは、リクナビＮＥＸＴです。

最近はフェイスブックと連携したＷａｎｔｅｄｌｙという新しいタイプの求人サイトも人気を集めています。履歴書を書かなくてもいい気軽さとつながりの中でおたがいの信頼を担保するというユニークな仕組みです。

転職サイトでの応募は手軽なだけにエントリーが非常に多い一方、企業側から見れば１００人に１人ぐらいしか適任の人はいないと予想しているでしょう。

実際、求人側が求めているスキルと応募者のスキルがズレているケースが多いのです。しかも求人の掲載をするにはコストがかかりますから、複数の転職サイトに掲載していることは、まずありません。１つのサイトで求人しているのが基本なので、特定のサイトだけしか見ていないと、思わぬ募集を見逃すこともありえます。**複数のサイトを比較して、自分のスキルにあった求人をチェック**してください。

Ｍさんは、求人数の多い転職サイトのほうがチャンスがあるだろうと考えました。

最大手のサイトを見てみると、案件数がダントツに多いので、他のサイトはあまり見ず、このサイトの案件に集中してエントリーしてみようと思いました。

自分が希望する仕事の案件に片っ端からエントリー。下手な鉄砲も数打ちゃ当たる方式で、どんどんエントリーしていきました。

スキル的に多少背伸びかなと思う案件や、やってみたい仕事の案件、年収アップにつながる案件にも応募してみました。

50件以上、エントリーしましたが、２週間経過しても反応がありません。

毎週エントリーを続けて、やっと面接にたどりついたのは、現職とそう変わらない案件でした。連敗が続くので、これなら書類審査で落ちることはないだろうと思い、エントリーしたのです。

あまり気乗りはしませんでしたが、練習をかねて受けてみたのです。他社から、オファーがあれば、もちろん、そちらにシフトするつもりでした。

結局、内定通知が出たのはその会社だけで、他からはまったく反応がありません。

Mさんは入社しましたが、前職とあまり変化のない仕事内容に不満を感じています。

32 成功する人は複数のサイトを比較し、自分のスキルにあった求人を見つける！

転職を考え始めたＷＥＢデザイナーのＮさんは、少し前からいくつかの転職サイトをチェックし始めました。

しばらく観察していると、サイトごとに掲載されている求人が異なり、募集している業種や職種にもかなりバラつきがあると気づきました。

求められているスキルの段階も企業によって細かく分かれています。自分のキャリアと希望の仕事内容で絞り込んでいくと、それほどたくさんの案件があるわけではありません。

Ｎさんは、複数のサイトをこまめに巡回し、これはと感じる案件にエントリーしました。

エントリーが20社に達した頃、そのうちの２社から面接の通知が届きました。

片方は最終面接で落ちてしまいましたが、希望していたもう一方の企業からは内定がもらえ、Ｎさんは転職に成功。新しい仕事に意欲を燃やしています。

複数のサイトを見て、希望している求人を絞り込むのが一番の活用法です。

33

成功する人はクチコミサイトの情報を参考程度にとどめ、後悔する人は鵜呑みにしてしまう。

会社の社風や企業文化は、実際に入社してみないとなかなかわかりません。給料や残業の実態、社内の雰囲気、離職の多さ少なさなどに関して、現在、働いている人やかつて働いていた人たちのコメントを掲載しているのが、転職者向けのクチコミサイトです。会社選びや面接の際の情報源として、多くの人が活用しています。

代表的なものは次の3つでしょう。

● 転職会議
● VORKERS
● キャリコネ

リブセンスが運営する「転職会議」は登録者数が50万人を突破。掲載されている企業の数が多く、大企業からマイナーなベンチャー企業まで網羅されているのが特徴です。
また、人材のデータベースにもなっており、登録者の情報は20社限定で人材エージェントに公開され、スカウトメールが届くこともあります。

「VORKERS」は、現在の在籍企業、過去に在籍した企業への評価レポートで構成されています。長文の書き込みが多く、よい点と悪い点の両方に言及しているのが特徴です。基本は無料ですが、有料のサービスも提供しています。

「キャリコネ」は、給与明細を登録しないと書き込めないため、他より情報に信憑性があると言われています。残業の実態や給料についてはかなり赤裸々な記述が見られます。

これらのクチコミサイトは、求人サイトや会社のWEBサイト、人事担当者からの話では知り得ない社員・元社員のナマの声を知るには便利ですが、鵜呑みにするのは危険です。
なぜなら、これらの評判クチコミは、**企業の実態の一面を伝えてはいますが、書き込んだ人の主観に基づくもの**だからです。

一度、利用した人はご存じだと思いますが、掲載情報を閲覧するにはクチコミサイトへの登録が必要です。個人情報を書き込んだうえで多くの質問項目に回答し、会社のクチコミを200~800字程度の長文でまとめ、情報提供をしなければなりません。

興味本位で訪れた人は、登録を見送ってしまうでしょう。

だからこそ、信憑性があるわけですが、逆に言えば、登録ユーザーはクチコミ情報を欲している転職希望者の比率が高いのです。

つまり、会社に愛着があり、ずっと勤めようと考える人のクチコミ情報は少なく、転職を考えている社員やすでに退職しているなど、なんらかの不平不満を持っている人のクチコミが多いという傾向があります。悪い情報といっても単にユーザーの偏見や感情的な意見だったりします。

世界最大の経営コンサルティングファーム、アクセンチュアに関しては、記述が正確なことで知られていますが、他の企業では人事担当者がポジショントークとして、会社に有利な情報を書き込んでいる場合もあります。

とはいえ、1つ1つの情報には参考になる部分もありますので、ブラック企業など、明らかにダメな会社を見極める判断基準にはなるでしょう。

クチコミ情報を信じすぎてしまうのは危険ですが、**人によってはこういう見方もあると**

いう程度にとどめて判断してください。

Oさんは受験する企業の評判を知るため、クチコミサイトをチェックしました。

いい評判も悪い評判も両方ありましたが、ひととおり読んでいくと、否定的な意見は上司や同僚とのトラブルなど人間関係に関するものがほとんどでした。サービス残業や休日出勤を強いられることはなく、繁忙期をのぞけば有給休暇も取得しやすい環境のようです。

ブラック企業ではないとわかり、安心して面接に出向くことができました。

一方、Ｐさんは１次面接に出向く前日にクチコミサイトを見ました。

最初に見たコメントは長文で、パワハラされた体験が赤裸々に書き綴ってあります。社内もギスギスした雰囲気のようでした。他には同様の記述はなかったのですが、社内の人間関係に悩むＰさんは気になって仕方がありません。

面接官は穏やかな人物でしたが、質問のたびに身構えてしまいました。結果は不合格。

ネガティブな先入観を持ったまま、面接に臨んだことを後悔しています。

33

成功する人は、クチコミサイトの情報を押さえつつ、自分の目で判断する！

34

成功する人は年収アップできる職種に挑戦し、後悔する人は好きな職種で高収入を狙う。

転職するにあたって、優先したいのは仕事の内容だけれども、やはり年収も気になるという方は少なくないでしょう。

すでにお話ししたように、年収アップにつながるのは成長期にある業界や企業ですが、一般的には高収入なのは次のような業界です。

- 総合商社
- 大手テレビ局
- 大手不動産会社

ただし、残念ながら、中途採用での求人はほとんど期待できません。

転職が可能な業界としては、次のようになるでしょう。

- 大手金融
- 外資系金融
- 外資系コンサル

募集している職種に自分が該当するものがあり、年収を上げたいのであれば、狙い目と言えます。

ただし、金融に関しては他業界からの転職はまず無理です。

商品先物や生命保険の営業であれば、他の業界からの転職や未経験者も採用可能ですが、これはまた、別枠の求人になります。

外資系企業の場合は何といっても即戦力を求めます。 日系企業の場合は、多少経験不足でも採用になるケースがあり、そこが日系と外資の大きな違いです。

英語力は会社が小規模の場合は必須ですが、大きければそれほど問われない傾向にあります。職種によっても異なり、会話や読み書きができるレベルで入れるポジションとネイティブやビジネス英語レベルでないとむずかしいポジションの両方があります。

要は、今まで培ってきたスキルが外資系企業ですぐに通用すると判断できないようだったら、外資系企業を志望するのは得策ではありません。

また、医療は、不況に非常に強く安定した業界です。

高齢化社会を迎え、医療に対する期待は高まる一方なので、今後もずっと好調が続くでしょう。

この業界に転職する狙い目な職業として「ＭＲ」という職種があります。

ＭＲとは「Medical Representative」の頭文字をとったもので、医薬情報担当者という意味です。

基本的には製薬メーカーに所属し、自社製品の情報を医師や薬剤師に提供し、使用後の情報を集める仕事です。ひとことで言えば、医薬品の専門知識をもったセールスマン兼リサーチャーだと思っていただければいいでしょうか。

もともと給与水準が高いことで知られていましたが、未経験者でも応募が可能です。

最近は、未経験者に研修を実施して転職を支援する企業も登場しています。

医薬品に関する学習が苦にならず、高収入が期待できる安定した業界で長く働きたい方は、チャレンジしてみてはどうでしょうか。

もちろん、高収入を優先するのか、好きな職種でがんばっていくのかで検討する必要はあります。

Qさんは証券会社の営業職からMRへの転職を果たしました。

入社当初は富裕層向けの金融商品を販売し、実績を上げていましたが、サブプライムローン問題を契機に株価が暴落。顧客からの苦情が殺到し、すっかり嫌気が差しました。

その経験から、景気に大きく左右されることなく、安定した業界で働きたいと思い、MRに転身することを決意したのです。

まったく異業界からの転職だったものの、ドクターには資産運用に興味を持つ人も多く、前職の営業経験が活かせました。労働時間も比較的短く、収入面でも満足しています。

正直言いまして、**高収入を得られる職種は限られている**のです。収入が目的で転職したいのならば、高収入の業界に入ることを第一に考えましょう。

34 成功する人は業界の先行きを見て、現実的な選択をしている!

35

成功する人は思い切りよくタイムリーに転職し、後悔する人はスピーディに動かない。

めざましい成長を遂げるＩＴ業界ですが、そのぶん流れが早く、どこまでついていけるかがキャリアの明暗を分けます。求人も多いとはいえ、他の業界から転職するのはきびしいでしょう。28歳以下の人しか対応できないと私は見ています。

業界チェンジは、他の業界であっても年齢が上がるにつれてむずかしくなってきますが、ＩＴに関しては特にその傾向が強いのです。若い人ほど、柔軟に対応できますし、新しい知識を習得するスピードが早いからです。

求人件数を比較すると「ＷＥＢ・オープン系」と呼ばれる職種がトップで、次に「ＬＡＭＰ」と言われるＬｉｎｕｘ、Ａｐａｃｈｅ、ＭｙＳＱＬ、ＰＨＰ、Ｐｅｒｌ周辺の言語ができる人の求人が多くなっています。

ＩＴ系のシステムエンジニアやプログラマーが転職する場合、ＷＥＢ系のエンジニアがもっとも需要が高いでしょう。

ただ、技術レベルが明確に求められるため、当然のことながら、ハイレベルの人材にはオファーが殺到し、高収入が提示されます。

技術レベルがそれほど高くなくても、ディレクターやプロジェクトマネジメントができる人も転職しやすいでしょう。エンジニアというより別の職種として採用されます。

ＷＥＢ系は今、デザイナーなどのクリエイター系の求人も増えています。スマートフォンやタブレットが普及し、モニターが大きくなったぶん、可能なことが増え、今まで以上にヴィジュアル的な要素が重視されるようになっているからです。

ゲーム業界は一時期ほど勢いがないと言われていますが、結局、ゲーム系のエンジニアやクリエイターが新ジャンルに移籍し、別のアプリを開発していることもよくあります。実際、そういう会社が成長しているケースも多いのです。

言語にしろ、デザインにしろ、いずれも一朝一夕で身につくスキルではありませんが、インターネット業界は今後ますます成長が期待されていますから、**若い人はＩＴ系の学習をしておく**ことをおすすめします。

20代半ばのRさんは、地方でWEB系エンジニアとして働いていました。

しかし、勤務先は受託専門で、下請け的な仕事にしか従事できないことに焦りを感じはじめました。地元での転職も考えましたが、地方では選択肢が少なく、転職サイトなどを見ても、求人はほとんど首都圏に集中しています。

20代のうちにもっと大きな仕事を経験しておきたい。やはり思い切って上京しようと決心したRさんは、ＩＴ系に強い人材エージェントに登録しました。

さっそく数社からオファーがあり、大型の案件の開発やネイティブアプリと言われるスマートフォン用のゲームアプリがつくれる会社に採用が決まりました。

大きな決断でしたが、給与水準の低い地方に比べると、年収が約1・5倍にアップ。やりがいのある職場に転職でき、忙しいものの、充実した日々を送っています。

2～3年後にはまた別ジャンルの仕事に挑戦したいと、次の転職も視野に入れています。

インフラ系エンジニアのSさんは入社3年目。給与の低さに悩んでいました。残業が多く、休日出勤も時折あるのに、ベースアップもわずかです。ネットで調べたところ、業界水準に比べ、年収が抑えられていると気づきました。

思い切って人材エージェントに相談すると、より高収入の案件があると教えられ、複数の企業を紹介されました。面接を受けた結果、現在より好条件で採用が決定。社長も若く、同世代のスタッフと楽しく情報交換ができます。刺激的な職場に満足しています。

ＩＴ業界のように**成長期にあり、流れの速い業界では、自分から動くことで活躍の場が広がり、待遇面が改善することもあります。**

無理に転職する必要はありませんが、同じ職場にいてはスキルアップの機会を逃し、後悔するかもしれません。

自分の市場価値を時折チェックして、年齢とスキルのバランスを考えてみることも必要です。将来的な展望からキャリア計画を立ててください。

35 成功する人は、スキルを評価してくれる場に移籍する！

36 成功する人は実績を着実に積み上げて転職し、後悔する人は自分の実力を過信して玉砕する。

営業職は業界チェンジがしやすく、優秀な人材は、どこの企業でも採用したいと思っています。いわゆる「つぶしが利く」代表的な職種の1つです。

募集案件も多いのですが、スキル的には次のように分類されます。

● 対象顧客・・・・・・法人営業か、個人営業か
● 営業の種類・・・・・新規開拓か、ルート営業か
● 商材・・・・・・・・モノなのか、サービスなのか

以前は、新規開拓ができる人でなければ転職がむずかしかったのですが、最近はインターネットでマーケティングをするようになったため、新規の営業力はあまり問われなくなりました。

現職での顧客対象や商材が違っていても、実力のある人であれば、こだわりなく採用されますし、活躍できる場合も多いでしょう。

商材的に見ると転職市場に出てくる案件は、圧倒的にサービスに関する営業です。モノの営業はメーカーが中心で中途採用はほとんどありません。純血主義をとっている企業が大半のため、募集は新卒採用のみです。

ただ、案件はたくさんあるものの、営業職の場合、やはり結果がすべてです。実績が数字ではっきりと出てしまうため、若いうちはともかく、ある程度の年齢になると、実は隠しようがありません。

大きな声では言えませんが、事前に応募者の評判をリサーチしている場合も少なくありません。同じ業界であれば評価がなんとなく伝わってくるものですし、関係者がいれば裏をとっているでしょう。

「御社の○○クンって優秀らしいけど、実際はどうなの？」

こんなふうにダイレクトに聞いていることすらあります。

実績を誇張したり、ねつ造したりしてもすぐバレてしまうので、気をつけてください。

逆にしっかりした実績やキャリアはきちんと評価されますので、転職活動には有利です。**他の企業や業界の人にも理解できるよう、説得力のある経歴書をつくって、うまくアピールしてください。**

しかし、本人はそれなりに自信があって転職したものの、あまり実績が出ず、残念ながら不本意な結果に終わってしまう場合もあります。

営業職の方によくあるのが、保険会社に転職したケースです。

募集案件もたくさんあり、成績が上がれば高収入が期待できるのですが、やはり言うほど簡単ではないというのが現実です。常に人材を募集しているということは、それだけ大変な仕事なのです。

メーカーで営業チームの責任者だったTさんは、リストラが進む会社に見切りをつけ、転職活動をスタートしました。

いろいろな企業の募集案件を検討しましたが、長年の営業経験で培ってきたネットワークには自信があります。人材エージェントからはインターネット業界の営業職を勧められましたが、ITに苦手意識のあるTさんは保険会社のほうを選びました。結果が出ただけ、収入につながるシステムも魅力だったのです。

かつての顧客から個人契約をとり、そこから法人契約に結びつけたいと考えていたTさんでしたが、個人契約ですらなかなかとれません。

得意先を訪問しても「いや、悪いねえ。知り合いに頼まれてたくさん入っているから、保険はもうちょっとね」と言われてしまいます。当初の計画があえなく崩れ、Tさんは焦りはじめています。

自分の営業力に自信を持つのはもちろんいいことですが、「本当に自分はやっていけるのか」という冷静な分析ができていなかったように感じます。

まわりに保険の営業がいたら、仕事の内容を聞いてみたり、エージェントに客観的に見てもらったり、いろいろ方法はあったはずです。

くれぐれも自分の力を過信しないようにしつつ、すべきところで挑戦してみてください。

36 成功する人は、自分の力を過信せず、新ジャンルにも果敢に挑戦する！

37

成功する人は新興企業の管理部門に転職し、後悔する人は会社の歴史や規模にこだわる。

人事・経理・総務といった管理部門の職種は、意外と転職しやすい職種です。

個人の実績がアピールしにくく、一見、地味に感じられますが、企業の運営には欠かせないポジションなので、ニーズが高いのです。

特に成熟期から衰退期に差しかかった古い業界から、今後が期待できる新しい業界に移るのはおすすめです。

もちろん、年齢に見合ったスキルを身につけていることが条件ですが、勤続3年程度の若手から、5~10年の経験がある中堅の方まで幅広く求人があります。

最近の傾向としては、次のような案件が多くなっています。

●人事・・・採用人事の経験者（人手不足で人材確保がむずかしくなっているため）
●経理・・・英語ができる方（海外子会社との連結決算が必要になっているため）

●総務・・・経験者全般（会社の拡大や移転が増えているため）

業務をきちんと遂行できる力があり、会社に貢献できる方であれば、志望動機はそれほど問われません。

本書でも何回かご紹介してきましたが、管理部門の人がベンチャー企業に転職すると、仕事の幅が広がり、結果的に年収アップにつながるケースが多いのです。**会社の発展を支える縁の下の力持ちとして活躍したい方にはご紹介できる案件がたくさんあります。**

秘書もまた、求人が増えている職種です。

一時期、人件費削減のため、社員秘書から派遣社員にチェンジする企業が増えました。

しかし、派遣契約のスタッフは、契約で雇用内容がしっかり決まっていているため、残業をお願いしにくい状況です。

折々の状況にあわせてフレキシブルに対応してもらうには、やはり社員秘書に軍配があがります。

その背景として、現在の会長・社長は昔と比べ、実務を担当している場合が多いという状況があります。一部の大手企業を除き、トップも名誉職ではなく現役のビジネスパーソンとして活躍している企業が増えているのです。

ですから、若いかどうかは関係なく、ボスをしっかりとフォローし、夜遅くまで残業でき、実務的な能力が高い人が求められています。受付や接客時のお茶だしなどの業務であれば、派遣社員で十分だからです。

秘書としてのスキルとしては次のようになるでしょう。

- **指示されたことを確実にきちんと処理できる人**
- **目先の業務を処理しつつ、気配りして先読みで動ける人**
- 海外出張が増えているため、できれば英語の対応ができる人
- さらに可能であれば、アドバイザーとして経営企画的に動ける人

最初の2項目が特に重要なので、全部に該当しなくてもかまいません。

しかし、実務をしっかりこなせて気配りができる人ですら、それほどいないのが現実です。

それだけに、**ある程度の企業で、秘書経験のある人であれば、スムーズに転職できる**でしょう。

Ｕさんはベンチャー企業の秘書をしていました。事業内容はよかったものの、社長の放漫経営の影響で資金繰りがショートし、残念ながら倒産してしまいました。

見切りをつけてさっさと退職するスタッフが多かったのですが、会社に愛着を感じていたＵさんは、最後まで見届けた後、転職活動を開始しました。これもまた、よい経験になると思ったからです。

ハードな環境での秘書経験が認められ、Ｕさんは上場しているメガベンチャーに採用されました。今では、取締役の秘書として海外出張も多く、忙しい日々を送っています。

自分の仕事で何が一番求められているのかを見極め、それをもとにキャリアをつくっていことを考えましょう。思いのほか、あなたが活躍できる場所はたくさんあるはずです。

37 成功する人は、自分のキャリアが活かせる場に転職する！

第6章

自己ＰＲと
コミュニケーション 編

38

成功する人は動きにキレがあり、後悔する人はだらしない印象を与える。

面接に行く時の身だしなみについて質問されることがあります。

新卒の時と違って、服装で判断されることはありませんが、見せ方は大事です。

カジュアルな格好でOKな企業が増えてきたとはいえ、大半の会社は服装についてはまだまだ厳しいのが現実です。ノーネクタイで面接に行くのは適切ではありません。

清潔感のある服装をする、靴を磨くなど、人前に出ても恥ずかしくないきちんとした身だしなみを心がけましょう。

ちなみにヘアスタイルは、額を出しているほうが好印象を与えると言われます。

相手に対して隠し事がなく、正々堂々とした雰囲気を感じさせるからです。これが正解というわけではありませんが、一般的な受け止められ方として心に留めておいてください。

服装以上に案外、気になるのが身体の動きです。

●ドアを開けて部屋に入り、面接官に一礼して椅子に腰かける

この一連の動きをテキパキとおこなうだけでも印象が違います。

要は、**モタモタせずに、サッと立って、サッと動く**ということです。

たったそれだけのことですが、そういう身のこなしができていない方が意外と多いのです。

なんとなく入ってきて、のそっとした感じで座る。

そういう方は背筋もあまり伸びていません。全体的にピシッとした雰囲気がないため、だらしない印象を与えてしまいます。

キビキビした動きのほかに、**はっきりした声で明るくあいさつする**ことも大事です。

実際の性格はどうあれ、ある程度、明るくふるまうことも、社会人としてのマナーです。

新卒の就職活動でもそうですが、体育会系出身の人が歓迎されるのは、きちんとした印象を与える所作が自然と身についているからでしょう。日本人が求める基本的な礼儀作法をおさえています。

上の年齢の方ほど、ビジネスマナーにはうるさいですから、面接に臨む際は身体の動き

にも気をつけてください。会話を交わす前から面接は始まっています。

Vさんは子どもの頃から柔道をやっていました。

大学時代も体育会に所属し、上下関係の厳しい部で4年間がんばりました。

練習もハードでしたが、驚いたのは礼儀作法に関する厳しさです。

柔道場ではもちろん、部室を出入りする時でさえ、ちょっと気を抜くと「あいさつがなっていない」「声が小さくて聞こえない」と先輩から叱責されたものです。先輩には敬語を使うのも当たり前でした。

当時はうるさいなあと思いましたが、身についたあいさつやお辞儀が自分の財産になっていると気づいたのは社会人になってからでした。

新卒入社した会社では営業部に配属され、多くの客先を訪問しましたが、「今度、うちの担当になった新人、礼儀正しいナイスガイだね」と評判がいいらしいのです。

Vさんが大きな声ではっきりあいさつする態度は、社会人になりたてで物怖じする同期に比べて目立ったのでしょう。1年目から好成績を達成することができました。

転職活動の際も最終面接で会った社長に「最近の若者には珍しいてきぱきした態度が気に入った」と言われ、第1志望の会社に採用が決まりました。

書類選考を通過し面接にはこぎつけるものの、なかなか採用に至らないという人は実に多いのです。

面接にまで行けるということは、実績面でもスキル面でも一定の評価を得られたということでしょう。

そこで、面接の対策をしてみると、採用にならない理由がわかる時があります。

特に多いのは、話す内容以前に、姿勢の悪さと声の小ささ、さっそうとした身のこなしがなく、暗く覇気のない印象を与えてしまっているということです。

実に惜しいと思いませんか？

実際に、話し方や姿勢、歩き方に気をつけるようにしただけで、内定を勝ちとれた方もいます。**鏡を見てチェックしたり、自分の声を録音して、わかりやすい話し方を練習する**ことをおすすめします。

38

成功する人は、好印象を与える身のこなしができている！

39

成功する人は伝わる話し方をし、後悔する人は回りくどく話す。

面接はだいたい1回につき、30分～1時間が基本です。**限られた時間の中、なるべく簡潔に自己紹介をし、アピールポイントをいかに伝えるかが勝負**です。

「エレベータートーク」というのをご存じでしょうか。

これはアメリカのシリコンバレーの起業家が、ベンチャーキャピタルや投資家が勤務するオフィスのエレベーターの前で待ち伏せし、偶然乗り合わせたふりをして、自分の事業内容の魅力を伝え、資金調達にこぎつけたというサクセスストーリーに由来しています。

エレベーターに乗っている短時間（約30秒～1分）のうちに、自分のアイディアとビジネスプランを説明し、今までと何が違い、ドコがセールスポイントなのかを簡潔に伝えるテクニックとして有名になりました。

面接の場合も、エレベータートークと同じです。

短く簡潔に話すためには、その場でいきなりできるわけではありません。きちんと要点をまとめて筋道を立てて話せるよう事前準備が必要になります。

エレベータートークにはコツがあります。プレゼンテーションであれば、

①話したい趣旨
②選択肢と判断のポイント
③結論

の3つになるのですが、面接の場合の自己PRでは次のようになるでしょう。

● 自分の強みやセールスポイント、興味のあることなどを考える
● それをもとに、自分をどうアピールしたいかをメモする
● メモから文章をつくり、ブラッシュアップしながら短くまとめる

ちなみに1分間に話せる文章は約300文字、30秒であれば150文字と言われます。

想定問答の回答も、エレベータートークを意識して、あらかじめ回答をつくり、スムーズに話せるようにしておくといいでしょう。

また、面接は1次・2次と進むにつれて、いわゆる突っ込みが鋭くなります。ポジションが上の人ほど会っている人の数が多いからです。

たとえば、最初の面接官が1000人だとしたら、社長は1万人。その中で面接している相手がどういうタイプなのかの見極めが鋭くなってくるわけです。人材として優秀かどうかという軸だけでなく、**価値観や相性もチェックされる**でしょう。

つまり、面接が進むにつれて、実績やキャリアに関する質問も細かくなっていきますし、会社が掲げている企業理念や社風とあう人柄なのかも見られます。

それを想定して自分をアピールしてください。会社のチャンネルにあう人だと判断されれば採用になります。

話し下手なWさんは、面接でうまく話せる自信がなかったので、自分のセールスポイントとして最低伝えたいことだけはまとめておこうと考えました。

今まで関わった仕事の中で、興味を持ってもらえそうなものをピックアップ。自分が果たした役割を箇条書きにしてみました。数字やキーワードも押さえ、簡潔にまとめ、その原稿を暗記して、スムーズに話せるように練習したのです。

ひととおり整理してみたことで、自分のアピールポイントが自覚できました。

緊張して臨んだ面接でしたが、余計なことを話さないシンプルな受け答えが思慮深く見え、逆に好印象だったようです。首尾よく採用になりました。

Xさんは人前で話すのが苦になりません。周囲からも話し上手な人と言われていました。面接にも自信を持っていましたが、最終面接で失敗してしまいました。

「あなたのセールスポイントを３つあげてください」と言われたのに、うまく説明できなかったのです。冗長な感じになってしまい、強く印象づけることができませんでした。長く話すのは得意でしたが、簡潔に表現するのは慣れていなかったことに気づき、事前準備が足りなかったと反省しています。

この例でもあるように、話し上手だと過信していると、痛い目に遭います。面接とトークは別物です。エレベータートークのように端的に話す練習はしておきましょう。

39 成功する人は、短く簡潔に話して自己ＰＲする！

40 成功する人は年収交渉をスマートに切り上げ、後悔する人は金額アップに固執する。

今の日本では、転職がそのまま年収アップにつながることがほとんどありません。

とはいえ、会社を変わる際に給料が上がればいいと期待するのが人情でしょう。

実際、提示された金額より「ちょっと上げてください」というリクエストは多いですが、残念ながらそれが通るケースは少ないのです。企業の給与体系は簡単に変えられません。

基本的に求人票に記載されている年収でほぼ決まりだと考えてください。

もちろん、先方が絶対に来てほしいと思う人材であれば、給与が高くても採用されますから、交渉の余地がまったくないわけでもありません。

しかし、それは一部の例外と考えたほうがいいでしょう。

とりあえずはご縁があった会社にお世話になり、その後の活躍を見て判断してもらう。

会社に貢献すれば年収も上がっていくと考えるのが現実的でしょう。

ただ、「今の給料より下がるのは困る」と主張するのはアリです。

現在の収入を基準に、生活しているのは理解できますから、企業側も納得します。

今より低い年収を提示されたら、現在の金額を材料に交渉してください。


とはいえ、個人で交渉するのはストレスが大きいと思います。

人材エージェントを使っていれば、交渉をまかせられます。

複数の企業に応募されている方であれば、「御社は600万円ですが、他社の700万円の案件にも応募されています」という言い方もできます。

もちろん、ウソはダメですが、事実であれば、先方も考慮するでしょう。

また、複数の企業から内定が出る方もいらっしゃいます。

エージェントによって対応がさまざまですが、私は率直に伝えるようにしています。

「ご紹介したEさんは御社のほかに、他社からも内定が出ています。年収提示は○○○万円です。それを考慮されたうえでご判断ください」

情報をすべてお伝えしたほうが、おたがいにとって親切ですし、フェアだと思うからです。

企業側も人件費に対してはシビアに見ています。金額に見あった人材かどうかがすべてです。「ぜひ採用したいが、当社で出せる金額はこれだけです」と見送りになるケースもありますし、「わかりました。がんばって出しましょう」になるかは応募者次第です。

Yさんは転職するなら、少しでも年収の高い会社に行きたいと考えていました。

ところが、複数の企業の面接を受け、内定が出た企業は現在の年収とほぼ同等で、詳しく聞いてみると、各種手当てがない分、やや年収が下がってしまうことがわかりました。

人材エージェントに上乗せの交渉を依頼しましたが、先方は求人票の金額を変えるつもりはないようです。

担当者からは「業績が上向きの企業だからボーナスや今後の昇給に期待したらどうですか」と言われましたが、年収ダウンで転職するのはFさんのプライドが許しません。

この案件は見送ることにし、より好条件の求人に挑戦することに決めました。

その後、Yさんが断った企業は、新アプリの開発で注目され、2ケタ成長の見込みだと報道されました。2〜3年後には株式公開も視野に入れているようです。

Yさんは内定を蹴ったことを後悔しつつ、いまだに転職活動を続けています。

40 成功する人は、年収にこだわりすぎず、転職する!

Zさんは、ルーティンワークで拘束時間の長い職場に飽き、仕事にやりがいのある企業に転職したいと考えました。将来性のある会社で、新しい仕事にチャレンジできることが第一条件でした。

内定が出た会社は、年収こそ少し下がりますが、株式公開時の利益が期待できるストックオプション付の条件でした。目先の収入より先の楽しみがあるほうがいいと判断し、Zさんは転職しました。幸い業績がよく、入社したばかりなのに前職より多い賞与が支給されました。Zさんは予想外の収入に気をよくしています。

転職直後の収入にこだわる気持ちももちろんわかりますが、**大事なのは会社に貢献して給料を上げる姿勢**です。年収交渉をする際もそのことは忘れないようにしておきましょう。

41

成功する人は拙くても求められていることを話し、後悔する人は自分本位にアピールする。

面接では、淀みなく流ちょうに話せる人のほうが有利、と考えていませんか。

もちろん、ぼそぼそと暗い印象で話す人より、はきはきと上手にしゃべる人のほうが、一般的にはいい印象を与えるでしょう。


しかし、企業側はプレゼンテーションがうまい人を採用したいわけではありません。

自社に貢献してくれる人材を探しているのですから、実力がある人であれば能弁な必要はありませんし、話し下手でも不利にはなりません。プレゼン力が弱くても大丈夫です。


ただし、話す内容については吟味が必要です。

うまく話すよりも、**質問に対してきっちり説得力のある答え方をする**ほうが大事です。

面接に自信がない人、口下手だという自覚がある人は、人材エージェントを利用したほうがいいでしょう。その方に応じた面接攻略法でしっかりフォローするからです。

面接がうまくいかない人は、話のポイントがずれていることが多いのです。

そこを改善して自分の実績を端的にアピールすれば、勝率が確実に上がります。基本的にどの会社でも、聞かれる内容は決まっていますので、想定される質問をリストアップし、どう答えるかをまずは文章にしてもらいます。

すると、だいたい企業が聞きたい核となる部分が答えられないことが多いのです。実績を裏付ける数字がなかったり、セールスポイントがあいまいだったりすれば、それに対してコンサルタントは突っ込みます。

面接官にうまく伝わるようにフィードバックをしていくだけで、全然違います。

もちろん、自分自身でブラッシュアップしてもいいのですが、場数を踏んでいるコンサルタントのアドバイスは、やはり違います。よい点、悪い点、課題点も浮き彫りになり、自己分析が適確にできることもメリットでしょう。

企業側がほんとうはどういう人がほしいのかを見極めないまま、面接に臨むと結局、面接はパスしません。人材エージェントは企業側の視点で面接対策をするので、そこが個人で対応する場合とまったく異なるところです。

面接対策とは、面接を表面的に乗り切るテクニックではありません。**キャリアの方向性をしっかりと定めて、その方向に対してアピールしていくこと**です。

それが企業の求人とうまくマッチングすれば、採用につながります。自己応募だけだと、客観的な視点でのアピールになっていないので、採用側の希望とズレがちです。

実際、自力でトライを続けていて書類審査の段階でNGになったり、最初の面接で落ちてしまっていた人が、エージェントに相談することで転職できた例はたくさんあります。

もちろん、いい転職をするために、エージェントが存在するのですから、積極的に活用してください。

転職サイトの求人に応募する形で転職活動をスタートしたHさん。書類審査は何社かパスするものの、面接でうまく話せず、口下手な自分に自信を失いかけていました。

自力での活動に限界を感じたHさんは、ネットで検索し、評判のよさそうな人材エージェントに登録してみることにしました

キャリアカウンセラーに今までの経過を話し、履歴書と業務経歴書を見せると、文章が

長くて、内容がわかりにくいと指摘されました。いくつかのブロックに分けて箇条書きにリライトし、アピールポイントの優先順位をつけるようにアドバイスされました。

面接対策も実践的でした。一度整理した内容を担当者に話してみることで、少し自信がついたのです。初めて最終面接に進むと、想定していた質問が多く、自分でも驚くほどスラスラ答えられました。無事内定が出て、新しい会社への期待に胸を膨らませています。

数多くのプレゼンテーションを勝ち抜いてきたIさんは、転職活動も自慢の話術で乗り切るつもりでした。

ところが、1次面接は通過するものの、最終面接までたどりつけません。

人材エージェントの担当者から、先方のフィードバックを聞き、Iさんはハッとしました。一方的なプレゼンになっていて、先方の質問とかみあっていないと指摘されたのです。話の上手下手ではなく、ポイントを相手とあわせることが重要なのです。相手が何を求めているのかをつかむ努力をしましょう。

41 成功する人は、上手に話すより企業側が聞きたいことをしっかりと押さえる！

42

成功する人は面接後の対応をスピーディに決め、後悔する人は迷い続けて引き延ばす。

新卒採用とは違い、中途採用の場合は、流れがスピーディです。

面接のオファーがあれば、すみやかに予定を調整して会社を訪問することになりますし、面接の結果も一両日中から遅くとも1週間程度でわかります。

合格になれば、次の面接に進みますが、この時に迷ってしまう人がいます。イエスでもノーでもなく、結論が出せずに迷ってしまうわけですね。

転職はお見合いのようなものですから、こちらが気に入っても相手からは振られ、相手から申し込まれても、こちらが乗り気になれない時もあるのは仕方がないと思います。

ただ、迷って返事を引き延ばすのは、マナー違反です。

あなたが返事をしない間、その会社の採用活動はそこでストップします。見送りであれば、別の応募者に切り替えられるのに、宙ぶらりんの状態になってしまうのです。

私は迷うのであれば、とりあえず次の面接を受けてみることを勧めています。

結論が出ないなら行動して、もう一度、自分の目で見てみて、そこで判断すればいいのです。次の面接で落ちれば縁がなかったのだと諦められますし、合格してその次のステップに進めたら、自分の気持ちがもう一度、確かめられます。

どちらの結果になっても納得できるのではないでしょうか。

面接はだいたい2、3回あります。迷いがあってもある程度興味があれば最終面接までは進めていく、そして他社も同時に進めて進捗をあわせていくことが大事です。

ただし、採用になった場合、時間の猶予はあまりありません。

内定の通知が来たら、応募者には電話でお知らせします。

さすがに当日とは言いませんが、1週間程度を目安に結論を出すようお願いしています。

いつまでも迷っているのは先方にも迷惑です。特にこれといった理由もなく、その段階になっても「お世話になります」と言えないのであれば、すっぱりと見送ることも賢明な判断です。

そもそも、先方は早く人材を確保したいわけですから、それほど待ってはくれません。まれに「ゆっくり考えてください」と言ってくださる会社がありますが、私の経験上、1カ月程度判断を待って、入社するという返事が来た方は1人しかいませんでした。即答できないのは、やはり刺さらなかったのでしょう。

結局、その会社で働きたいと思わなかったわけですから、時間をかけてもムダです。別の案件へ気持ちを切り変えたほうがおたがいにとっていいと思います。

入社日などの調整はありますが、見事内定の言葉を聞くと、うれしくて即断即決で返事する場合が大半です。

Aさんは、1次面接を通過しました。

仕事の内容には魅かれていましたし、条件面も悪くなかったのですが、面接官の印象があまりよくなく、次に進むかどうかためらっていました。

不愉快な質問が多いうえ、なんとなく意地が悪そうな人が多い感じを受けたからです。

人材エージェントの担当者からは、「とりあえず、次の面接を受けてから決めたらどうでしょう」とアドバイスされ、もう一度訪問することにしました。

2次面接では、前回とはうって変わって、人当たりのいいなごやかな雰囲気です。話の流れの中で、1次面接ではあえて感じの悪い態度をとり、応募者の反応を見ていたらしいということがわかりました。

内心ではムッとしていたものの、終始おだやかに対応したAさんは好印象だったのです。最終面接には社長が登場しましたが、スケール感のある率直な人柄で話が弾み、この人の下で働きたいと思える人物でした。

採用内定の連絡をもらったAさんは、その場で入社しますと返事をしました。

2次面接を断らなくてよかったと、担当者に感謝しています。

この例のように、面接を重ねるたびにその会社のすばらしさに気づくことがあります。チャンスを逃さないためにも次の面接にチャレンジしましょう。

ただ、そうは言っても最終面接までという制限があります。自分とその会社のためにさっと決断することを心がけましょう。

42 成功する人は、入社するかどうかを即断即決する！

43

成功する人は現実を直視して転職し、後悔する人は自分が転職するのは当然と考える。

転職自体はすっかり珍しいことではなくなりました。

ビジネスパーソン10人に「転職やキャリアチェンジを考えていますか？」と質問すれば、たぶん全員が「イエス」と答えるでしょう。

しかし、実際には半数以上の人が転職をしていませんし、現実問題として転職をしないほうがいいケースが多いのです。たくさんの方にお会いしてきましたが、**現職がある方は特に、今の会社でキャリアを積んだほうがいいと思える方が大半**でした。

少し古いデータになりますが、たとえば、以前勤務していた人材エージェントでは、次のように言われていました。

- １００人のエントリーがあったら、目標は40人に会うこと
- 実際は30人を面接して、結果的に４～５人が転職に成功する

つまり、**実際転職に成功するのは100人のうち、4～5人**だということです。

もちろん、ポジションや職種にもよりますが、だいたいそんな感じだと思います。

登録していただいても、紹介できる案件がないという場合も少なくありません。

失礼ながら、転職するにはスキルが足りない場合も多いです。

また、大手企業にお勤めの場合は、今より年収が下がってしまう、会社の知名度が低い、福利厚生制度が充実していないなど、今より悪くなる条件が現実を知って、転職を見送る方もいます。それはそれで1つの選択ですし、現実的な判断です。

最近ではさすがに少なくなりましたが、以前は人材エージェントに行けば、必ず案件を紹介してもらえると思い込んでいる人もいました。

「なぜ、紹介してくれないんですか！」と怒りはじめる人もいて、困ったことがあります。

私たちのビジネスは企業に人材を紹介することで成立しています。求人の条件を満たしていない方は、当然、ご紹介できません。

ここ数年、人手不足の状況が続いていますが、企業側の要求はむしろ高くなっています。

人件費はなるべく抑えたいから若い人がいいが、優秀な人でないと困るという傾向が年々、強くなってきました。

人材を見る目はきびしくなっていると感じます。

よって、若くて優秀な人にはいくらでも仕事が見つかりますが、そうでない場合は、ご紹介できる案件自体が少ないのです。人手不足にもかかわらず、決して売り手市場になっていないのが現実でしょう。

そういう現状をふまえつつ、転職を前向きに考える方が、会社を移っても後悔しないのです。たとえば、次のようなタイプです。

- 新しい経験を積み、仕事の幅を広げたい人
- 現職でやれることをやりきり、新しいチャレンジがしたい人
- 今後、伸びそうな企業や業界で自分の可能性を試したい人

今の職場の不平や不満を解消するのではなく、ある程度、リスクをとってもいいからチャレンジングな人生にしようと考える方のほうが、いい転職ができます。やりたいことと、自分に対する市場価値のバランスを見極めて、現実的な選択ができるでしょう。

一方、転職で、今までの経験をリセットしようとする人は、会社を変わること自体が目的になっているケースが多いのです。

上司や同僚との人間関係がうまくいっていなかったり、仕事がルーティンでおもしろくない、給料が安い、残業が多くて休みが少ないなど、やらされ感や他責的な要素が転職を考えるきっかけになっています。

しかし、人間関係に恵まれ、仕事にやりがいがあって収入がよく、休みが多くて定時に帰れるような会社は滅多にありません。高収入なのは仕事がハードでレベルが高いからでしょうし、残業が多いといってもブラック企業と呼ばれるほどでなければ、多かれ少なかれ、どこの企業も同じでしょう。

ないものねだりをせず、会社の仕事をベースに自分の人生をどう築き上げていくか。**受け身ではなく、アクティブな視点で転職を考えること**が大切ではないでしょうか。

43 成功する人は、現実を知ったうえで転職活動をスタートしている！

44

成功する人は担当者の評判を聞いて選び、後悔する人は案件の数に注目する。

人材エージェントは、会社によってシステムが違います。

大きく分けて「分業制」と「担当制」があり、登録の受付と案件紹介の担当者が違うのが分業制、両方を同じスタッフで対応するのが担当制です。

登録する側にとっては、一貫して同じスタッフがお世話をする担当制のほうがラクでしょう。最初のヒアリングから自分のことを話しているという安心感もあります。

しかし、分業制をとっている会社は規模が大きく、取り扱う案件が多いという強みがあります。選択肢が多いのもまた、転職活動には魅力的です。

どちらがいいとは一概には言えませんし、会社によって得意な業種や職種は異なります。1社にしぼるのではなく、複数のエージェントに足を運んで話を聞き、登録することをおすすめします。

そして**転職活動を大きく左右するのが、担当者**です。

スタッフによって力量にかなり差があるので、サービスのクオリティが違ってきます。よく発生している問題は、紹介する案件が違うという指摘です。

たとえばですが、同じ会社に勤める友達同士の2人があるエージェントに登録したところ、片方にはAという案件、一方にはBという案件が紹介されたとします。

彼らは同期で、客観的に見てそれほどキャリアの違いはないのに、条件面や仕事内容が大きく異なることがわかり、トラブルになったというケースです。

基本的に、求人案件をどうマッチングするかは、担当者の裁量にまかされています。応募者の市場価値を考慮しながら、少しでもよい案件を探すのが仕事ですが、その判断に信頼できなければ、不満が残るのは当然です。

登録側はそれによって動くのですから、希望通りの案件を紹介してくれるかどうかで、転職活動の成果が違ってくるでしょう。登録側にとっては、転職活動は死活問題と言っても過言ではないので、担当者の力量を必ずはかるようにしましょう。

複数のエージェントに登録するのは、より多くのチャンスを得るだけでなく、**担当者の力量を比較してみる**のにも有効です。

では、優秀なスタッフに担当してもらうにはどうしたらいいでしょうか？

やはりクチコミが一番確実です。友人、知人など、自分のネットワークで転職に成功した人がいないか、ぜひリサーチしてみてください。

どこのエージェントを利用し、担当者がだれだったか。

「友達が○○さんにお願いして、満足のいく転職ができたので、○○さんとお話しさせてください」

名前がわかればこのように指名することができます。

もちろん、その担当者と自分との相性もありますが、評判のいい人にお願いできればそれに越したことはありません。少なくとも力量のないスタッフが、担当になるリスクを防げるでしょう。

なお、ネットで検索すると、各エージェントの評判もある程度はわかるので、それも参考にしてください。

Lさんは業界大手のエージェントに登録しました。

登録時に受け付けてくれたスタッフは感じがよく、その人がそのまま自分の担当になってくれるのだと思っていたら、案件の紹介には別のスタッフが出てきました。最初に会った時から印象はよくなかったのですが、紹介される案件もイマイチで、こちらの意向をちゃんと汲みとってくれているとは思えません。

仕事の内容や待遇面の希望を伝えても、「あなたのキャリアとスキルなら、この程度の案件だ」という態度です。

書類審査でNGが続き、イライラしていたこともあり、Lさんは「ちゃんと紹介する気があるのか」と強い口調で非難しました。先方もカチンとしたらしく、結局、言い争いに。すっかり嫌気が差したLさんは、転職活動を中断してしまいました。

事前に企業情報を仕入れるのはもちろんですが、エージェントの情報も仕入れておくようにしましょう。

44 成功する人は、エージェントと担当者を事前リサーチしている！

45 成功する人は信頼できるコンサルタントを見つけ、後悔する人は行き当たりばったりで転職する。

アメリカでは、医師・弁護士と並び、キャリアコンサルタントを三大カウンセラーと称します。日本よりそれだけ地位が高く、ビジネスパーソンのキャリア形成に向けて、アドバイスするという文化が根づいていますし、地位も確立しています。

1回の転職のサポートで終わるのではなく、その後もクライアントとの関係は続いていくことが多いのです。

一方、日本では、まだまだそんな感じではありません。利用する側はもちろん、キャリアコンサルタントを、職業として息長く続けている人があまりいないからです。10年以上のキャリアを持つプロフェッショナルなコンサルタント自体、非常に少ないと言えるでしょう。

最近では業界再編のスピードが早くなっています。

ビジネス環境も時々刻々と変化しますし、買収や合併、親会社の変更などで、組織自体が激変してしまう場合があります。かつて転職のお世話をした時とは、会社の方針、規模、仕事内容などがまったく違っているケースも珍しくありません。

そういう方がありがたいことに、キャリアチェンジの相談にいらっしゃることが、時折あります。

私自身、ご縁があった方とはずっとおつきあいしたいと思っています。お世話をした時の状況やその方のキャリアも記憶にありますし、カウンセリングや転職活動を通じてお人柄も理解しています。転職後の実績をふまえ、新しいチャレンジを応援したい気持ちもあります。

たとえば、Bさんの場合、コンサルタント会社勤務だったのですが、事業会社で経験を積みたいという希望だったので、ネットベンチャーの経営企画のポジションをご紹介しました。職種をチェンジした転職でしたが、コンサル出身の方はロジカルシンキングに強く体力があり成果志向の方が多いので、ネットベンチャー向きだと感じたからです。

数年後、その会社の組織が大幅に変わったため、再び相談にみえ、今度はサービス業の経営企画の案件を紹介しました。この時は業界チェンジでしたが実績があり、即戦力になる方なので、スムーズに転職が決まりました。

その後、ヘッドハンティングで他の会社に転職され、経営企画の新規事業担当に就任。海外事業に発展したため、現在はシンガポールで活躍されています。

職種や業界をチェンジしながら、新しいステージへ活躍の場が広がっていく方をサポートするのはエキサイティングですし、エージェントとしての醍醐味でもあります。

その方とは個人的なおつきあいもあり、結婚式にも出席しました。

ビジネス環境や会社組織の変化が大きい時代です。

3年・5年というスパンでキャリアを見直し、次の転職を考えるタイミングが訪れた時、信頼できるキャリアコンサルタントに相談できれば、納得のいくチャレンジにつながるでしょう。

その方のスキルや経歴はもちろん、価値観や性格まで理解しているほうが、有益なアドバイスが受けられるからです。

ただ、現在の日本では、人材エージェント自体、社歴が浅い会社が多く、キャリアコンサルタントにしろ、1社にとどまっている人が少ないのが現実です。
個人的なネットワークやクチコミで評判のいいコンサルタントやエージェントを見つけるのが確実でしょう。

Cさんは、案件の多さが魅力で大手の人材エージェントに登録しました。

しかし、なかなか納得のいく案件を紹介してもらえません。担当者も機械的にマッチングをしている感じで親身に話を聞いてくれないのも不満でした。

久々に同窓会に出席した2次会でチラッと話すと、先輩や同期があるエージェントを通じて転職していると聞きました。コンサルタントが優秀で、いい案件を紹介してくれるというのです。Cさんはさっそくネットで検索し、その会社を訪問しました。

Cさんが希望する業界の案件も紹介され、手応えを感じています。

優秀なコンサルタントやエージェントを見つけたら、転職後もつきあいを続けてみましょう。

45

成功する人は、優秀なコンサルタントやエージェントを利用する！

第7章

転職先での仕事 編

46

成功する人は結果を出すことを優先し、後悔する人は前の会社との違いにこだわる。

首尾よく転職できても、そこがゴールではありません。むしろ、転職した後が本番です。新しい会社に少しでも早く溶け込み、よい人材が来たと周囲に思ってもらえるように、がんばってください。

会社を移ったら、まずは次の３つを心がけましょう。

- 最初の仕事で成果を出す
- 人より早く出社して意欲的な姿勢を見せる
- 目線を下げずに取り組む

中途採用の場合は、会社側も即戦力を期待していますから、最初の仕事から気を抜かずに取り組むことが大切です。

まず、**最初の仕事の出来不出来で、あなたに対する印象が大きく左右されます。**

それを意識してください。

採用した側は使える人かどうかを見ていますし、残念な結果しか出せない場合、「なぜこんな人を採用したのか」という目で見られてしまいます。

少なくとも現状維持、できれば期待を上回る結果を出すように心がけてください。


また、前向きな姿勢をアピールすることも好印象につながります。

人より早く出社して、しっかり働くことです。

遅刻するのは論外ですが、転職先で悠長にかまえていてはいけません。

スピード感も大事ですから、最初からダッシュするつもりでがんばってください。

特に営業職の場合は、なるべく早く目に見える数字で結果を出す必要があります。

総務や人事、経理など、管理部門の職種は、数字こそ目に見えないものの、採用した理由を納得してもらえるよう、まずは目の前の仕事に集中し、業務を1つずつ確実にこなしてください。

ただ、入社直後は、前任者の引き継ぎやルーティンワークなどが多いかもしれません。やるべきタスクは、雑務的な仕事も多いでしょう。

嫌がらずに処理するのはもちろんですが、それに対応するだけではキャリアアップにつながりません。

中途採用の場合、新卒採用と違って教える必要がなく、自分で考えてどんどんやっていける人が前提となっています。会社からの指示を待っていたり、いちいち上司の判断を仰がないと進めないようでは、「使えない人材」と見られてしまうでしょう。

目先の仕事をこなしつつ、評価につながる仕事を自分でつくっていくつもりで取り組んでください。

営業職のDさんは、即戦力として期待されているのを強く感じていました。

指示された目標をクリアするだけでは不十分だと感じたDさんは、同僚より常に早く出社し、前職の取引先へもあいさつを兼ねて、毎日メールを送り続けました。翌週に出かける訪問エリアにあるクライアントをピックアップし、アポイントをとるようにしたのです。

ルート営業が中心で、新規開拓はそれほど必要ありませんでしたが、できることから着手しようと思ったのです。訪問先が近ければ、あいさつ代わりに立ち寄ってもそれほど時間のロスもありません。

メール作戦を開始して３週間後、新規の契約がとれました。受注金額も思いのほか大きく、「Dくん、さすがだね」と上司は大喜び。さっそく社長に報告され、同僚からも一目置かれるようになりました。転職後、幸先のいいスタートが切れ、自信を深めています。

同じく営業職のEさんは、ワークフローの違いに不満を感じていました。

前の会社では、チーム内にアシスタントがいて、事務処理はすべてまかせればよかったのです。しかし、今は資料のコピー１つとるにも、すべて自分でやらなくてはなりません。「これでは営業の時間がとれず、効率が悪い」と上司に訴えましたが、とりあってもらえません。愚痴ばかり多くて結果が出せない人とレッテルを貼られてしまいました。

Eさんには、評価につながる仕事をつくるという視点がありません。多くの人が陥りがちですので、注意しましょう。

46 成功する人は、早く実績を上げることを意識する！

47
成功する人はコミュニケーションを大切にし、後悔する人は最初から無理に改革しようとする。

中途採用の場合、自分で判断して仕事が進められる人が歓迎されるとはいえ、会社に早く溶け込むことも必要です。

一匹狼的な存在になって孤立したり、いわゆる浮いた存在になってしまうと、仕事自体もやりにくくなってしまいます。

そうならないように、**ある程度は「社内の空気を読む」こと**も大切です。

入社直後はむずかしいかもしれませんが、まずは自分のセクションを見渡して、直属の上司のほか、だれがキーマンなのかを押さえておきます。

決裁権を持つ人の意向は無視できませんし、意見を聞くべき人、発言権の大きい人などを、さりげなくチェックするようにしてください。

そのためにも、「ホウレンソウ（報告・連絡・相談）」を忘れないようにしましょう。

要所要所で確認をとっておけば、大きくはずすこともありませんし、その会社で常識になっていることや社内ルールも見えてきます。

周囲とのコミュニケーションを増やして相手を知り、自分のことを理解してもらえるように心がけてください。コミュニケーションが多いほど、トラブルが防げます。飲みに行く機会があれば、参加するようにしましょう。

最初に課されたタスクに対して、結果を出すことが肝心ですが、真摯に取り組むほど、問題点が見えてきます。

「現時点ではOKでも、今後を考えると、このやり方でいいのか」
「指示された課題はクリアできるものの、もっと優先すべき課題があるのではないか」

転職してきたからこそ、気づく課題や改善したい点が出てくるはずです。

このまま進めるのをためらう場合もあるかもしれませんが、**とりあえずは、与えられた仕事をやりとげることを優先**してください。

仕事の根幹にかかわる判断は、上司や社長がすべきなので、最初は現状を報告し、相談する程度にとどめましょう。

最初から根本的な問題に立ち入ってしまうと仕事が滞ってしまいます。

もちろん、ずっと同じ会社にいる人とは違う提案が歓迎される場合もあります。

しかし、それはあなたへの評価が定着し、信頼される存在になってからです。

仕事の結果を出さないうちに、提案ばかりしていると、「使えない人」「使いにくい人」という見方が定着してしまいます。


経理マンのFさんは、転職後、帳簿管理システムが前の会社より使い勝手が悪いことに気づきました。無駄な手順が多く、画面も見づらいのです。

ただ、長年、使い続けたやり方に馴染んでいるスタッフは、それほど不満があるわけでもなさそうです。

実際、業務が滞っているわけでもないので、「新参者が口を出すのも……」と思い、操作方法や疑問を、上司や同僚に随時確認しながら、そのまま担当の仕事をやりとげました。

ちょっとクセのあるシステムでしたが、慣れていくとコツがわかり、上司はFさんの正確な仕事ぶりに満足しているようです。

ある飲み会の席でシステムに対する意見を軽い気持ちで上司に話したところ、翌日、経理部長に呼ばれました。じつは以前から新システムへの移行が検討されていたのです。

Fさんは前職とのシステムの違いを説明し、さっそく資料にしてまとめ、自分なりの提案をしてみました。

すると、部長はその内容を評価し、Fさんを新システム導入の担当者に抜擢しました。現行のやり方とは違うシステムの経験がある人が適任だろうというのです。

Fさんは思いがけない経過に喜び、システム会社とはりきって交渉しています。

ここで、使い勝手の悪いシステムに驚いて、上司に再三、前の会社との違いを伝え、改善すべきだと提案したらどうでしょうか？

とり合ってもらえないケースが多いと思います。**まずはその会社で実績をつくることからはじめましょう。**

47

成功する人は、社内コミュニケーションにも気を配る！

48

成功する人は苦手な人とも接点を見出し、後悔する人は嫌気が差して辞めてしまう。

転職したものの、新しい会社になじめなかったという人もたまにいます。

たとえば、比較的温和な社風の会社から、ハードワークが当たり前の会社に行った場合はつらいでしょうし、上司に恵まれ、職場の人間関係もよかったのに、次の会社でそうでなかった場合もキツイと思います。

逆のケースは大丈夫ですが、前職との落差が大きいほど、カルチャーショックがあるのは確かです。

面接は選考の場であると同時に、その会社の雰囲気を肌で知る絶好の機会です。

面接官の人柄や社内の雰囲気も感じとりながら、「自分はここで働けるのか？」と考えて、結論を出してください。

人材エージェントを使った場合は、会社の雰囲気なども含めて情報を持っていますし、担当者も相談に乗りますから、ギャップは比較的少ないと思います。あらかじめ、情報があるのとないのとでは、心の準備も違ってくるでしょう。

一番むずかしいのは、社長に近いポジションです。

特に規模が小さい会社ほど、社長の影響力が強いので、相性がよくない時には悩んでしまうかもしれません。直属の上司とウマが合わない場合もつらいでしょう。

しかし、相性が合わないというのも考え方次第です。

個人的に仲よくするのは厳しくても、仕事がうまく進み、結果が出せればいいのですから、ビジネスだと割り切って、乗り越えてください。

そういう気持ちでいれば、会社や苦手な相手とも接点が見出せるはずです。

苦手意識がある相手にこそ、ホウレンソウをきっちりとおこない、やるべきことをなしとげ、仕事をきちんと遂行することを優先しましょう。大きな会社であれば、一定期間、辛抱すれば異動できる可能性もあります。

新卒入社の場合は、あわない会社で無理にがんばる必要はありません。未熟な学生時代に思い描いていたことと、実際の社会ではギャップも大きいでしょう。

しかし、中途採用の場合は、その職場でなにかキャリアになるような業務を経験した後、次の会社に移籍すべきです。半年ではこれといった実績も出せませんから、やはり最低1年はかかるのではないでしょうか。

これからのキャリアを積む場所として、ビジネスライクに対応してください。


Gさんは、国家公務員から民間の会社に転職し、経営企画室に配属されました。社長直轄のようなセクションですから、社長ともしょっちゅう顔を合わせます。

創業者だけあってカリスマ性がある半面、かなり個性が強く、気に入らないことがあると怒鳴ったりすることも珍しくありません。

社員からは非常に恐れられていました。

Gさんも入社早々、その洗礼を受け、この会社でやっていけるのかと落ち込みました。

しかし、気をとり直して観察してみると、社長のかんしゃくには理由があり、見通しの甘さや検討が不十分な事項に対して自覚がない場合、少しでもラクをしようとする態度が見えると、雷が落ちるようでした。

経営者としてリスクに敏感で、仕事に対しては真摯な人だったのです。

そう気づいたGさんは、懸念材料については十分に説明し、課された仕事に対しては早朝出勤や残業をして少しでも早く終わるようにしました。

みんながこわがっている社長に対しても、機会をとらえて、直接ホウレンソウすることも心がけました。相手のふところに飛び込むことも必要だと感じたからです。

積極性を評価した社長はGさんを気に入り、今では片腕と呼ばれるようになっています。


新しい職場にうつったら、やはり何かしらの実績はつくるべきです。

とは言っても、職場の人間関係だったり、環境から先行き不安に思うこともあるかもしれません。その時は「結果を出せればそれでいい」と割り切ることも大事なのです。

48 成功する人は、仕事を完遂させることを優先し、新しい環境を乗り切る！

49 成功する人は求められた役割を果たし、後悔する人は募集背景を意識しない。

転職後は、置かれた立場をしっかり認識することが大事です。少なくとも次の項目は、しっかりと肝に銘じておいてください。

- なるべく早めに成果を上げて評価される
- 周囲の人々とコミュニケーションをとり、こまめにホウレンソウをする
- 転職したからには最低1年はがんばる

最初から自分流を貫くのではなく、社内を観察してうまくやっている人、うまくいっている人のやり方をまねるのも有効です。

特に初めての転職の時は、前の会社のルールが世間の常識と思い込んでいることも多いので注意してください。たいていの企業は独自の方法をとっていて、転職して初めて、そ

のことに気づく場合もよくあります。

また、「募集背景」によっても、求められる役割が違います。欠員補充なのか、増員か、新規事業立ち上げのスタッフなのかによって、成果を上げていく方向性がある程度わかります。

たとえば、欠員募集の場合は、前任者が担当していた業務をスムーズに引き継ぐことが第一です。滞っている仕事があればスピーディに処理し、通常通りのペースに戻すことが最優先になるでしょう。

ルーティンワークをきっちりこなすだけでも、ある程度、評価されます。業務に十分精通した後、外部から来た人間の視点での提案をしていけばいいでしょう。

増員の場合は、チームの中でどんな役割を果たすべきかの見極めが必要になります。既存のスタッフとの交代なのか、新しいポジションを担当するかで、動き方も違ってくるでしょう。自分の立ち位置をしっかりと認識してください。

新規事業の立ち上げを担当するのであれば、積極性や提案力が要求されるでしょう。

今までの経験を活かした手腕とスピード感がより問われると思います。失敗を恐れて慎重になったり、じっくり腰を落ち着けてから取り組むのではなく、最初からスパートをかけ、少しでも早く成果が出せるよう努力してください。

Hさんは、総務部の欠員募集で採用されました。出社してみると、前任者が退職した後の仕事がそのまま残っていて、未処理の案件が山積みに。通常の業務にも影響が出始めていました。

Hさんはかなりの仕事量に驚きましたが、配属されたセクションではこれを片付けるのが最優先課題です。記帳方法やシステムの違いに多少とまどいましたが、なんとか1人で操作できるようになりました。

転職したばかりのHさんに気をつかって、ランチやアフター5の食事に誘ってくれる同僚もいましたが、課の歓迎会に参加しただけで、他はすべて断りました。目の前の仕事を少しでも早く、処理したかったからです。

つきあいが悪いと陰口をたたく人もいたものの、昼休みを短縮し、早朝出勤と残業を1日おきに繰り返しながら、なんとか3週間で終えることができました。

「すごいね。1カ月はかかると思っていたよ」

上司は大満足で、周囲も仕事熱心なHさんに驚いたようです。余裕ができたGさんは同僚との飲みにもしばしば参加するようになりました。短期間で集中的に処理したため、ワークフローのムダにも気づきました。

次の会議では自分なりの考えを提案しようとしてうまくいっています。

一方、新規事業部に配属されたIさんは、客先への挨拶まわりが基本だと考え、顧客名簿の作成に着手しました。転職したばかりでもあり、しっかり準備したかったからです。他のスタッフは外出続きなのに、Iさんはいつもデスクでパソコンに向かっています。最初は各自の裁量にまかせていた上司も注意しましたが、Iさんはマイペースのまま。

いくら熱心に仕事をしていても、求められている仕事でなければ、逆効果になりかねません。会社に何を求められているのかを意識して仕事をしていきましょう。

49 成功する人は、求人の理由を意識して仕事に取り組んでいる！

50

成功する人は転職理由が明確で、後悔する人はなりゆきで転職してしまう。

転職する方をこれまでにたくさん見てきました。

実力は十分あるのに面接がうまくいかない人がいる一方、経歴やスキル以上に面接受けがいい方もいます。社交的で自己演出が上手なのでしょう。

ただ、そういう方は、転職先こそスムーズに見つかりますが、入社後の評価がイマイチなことも多いのです。

ポジションや年齢に見合った実力は満たしているが、実際働かせてみると、可もなく不可もなく。大きな失点がないかわりに、活躍もそれほどでもないという感じです。結果的に見込み違いな人材だったという思われてしまうかもしれません。

もちろん、採用の可否は企業が決めるのですから、企業の見る目がなかったということなのですが、転職した側にも原因がないとはいえません。

共通するのが、**転職した理由があいまいなこと**です。

日本人の場合、「かつての上司に誘われたから」「先輩に声をかけられたから」など、なりゆきで転職してしまう人もけっこう多いのです。

本人は「ヘッドハンティングされた」と思いこんでいますが、本来のヘッドハンティングとはもっとレベルが高い人材に対して戦略的におこなわれるものです。

また、はっきりした目的意識がなく、「今の仕事や環境に飽きた」「職場を一度変えてみたい」という理由で転職してしまう人も少なくありません。

そして結局、こういう人たちは、横にスライドしただけの転職をしがちです。

たとえば、同じ業界の別の会社に移って同じような仕事をやっているというパターンです。転職直後は環境が変わった新鮮さがあり、それなりに高揚感もあるのですが、ある日ふと前の会社にいる時とたいして変わらないことに気づく。

外国人の場合、目的は明確で、収入、ポジション、仕事内容など、なにかを具体的に改善するために転職をします。会社とはあくまで契約の関係だから、ビジネスライクに交渉しますし、よりよい条件のオファーがあればドライに割り切って転職します。

それに比べ、日本人は人間関係や職場の雰囲気なども含め、トータルに判断する一方で、転職の目的が明確でない面が見られます。そのことが一番、後悔につながります。転職というせっかくのチャンスを積極的に活用していないからです。

エンジニアのJさんは、かつての上司の誘いで転職しました。気心の知れた相手ですし、「君のように優秀な人材に来てもらえれば大いに助かる」という勧誘の言葉にも自尊心をくすぐられました。

ところが、入社してみると、人間関係が悪く、とげとげしい雰囲気の職場です。転職してきたスタッフが多く、それぞれが一匹狼のような感じです。

肝心の仕事も下請け的な案件が多く、前職よりやりがいがありません。待遇面はほぼ同等ですが、なんのために転職したんだろうと気づき、悶々とする日々です。

Kさんは、勤めているゲーム開発会社の将来に危機感を覚え、転職活動を始めました。放漫経営のうえ、かつてほど勢いのない業界なのに、別のジャンルにシフトしようとしないのです。

人材エージェントに登録したところ、モバイルアプリを開発している会社を紹介されました。アプリ開発は未経験なので迷っていたところ、社長自身がゲーム業界出身で、同じ業界から転職する人も多いと教えられました。

面接に行ってみると、小さいながらも意欲的なチャレンジをたくさんしている企業だと実感できました。他の業界で働くこともよい経験になりそうです。

Kさんは、その会社に、お世話になることを決め、ゲーム開発とアプリ開発の両方ができるエンジニアとして、着実なキャリアを積んでいます。

Kさんのように将来のキャリアアップにつながる転職をした人は満足度が大きく、転職先で取り組むべき課題も明確です。結果的に会社を移っても後悔がありません。

漫然と会社を変えるのではなく、**自分自身の市場価値を上げる経験と実績を積める環境にシフトしていく。**これが転職のメリットであり、そういう転職こそベストな形です。

将来へのキャリアパスをよく考えて、有意義な転職をしてください。

50

成功する人は、転職理由を明確にしている！

■著者略歴
高野　秀敏（たかの　ひでとし）
1976年生まれ。東北大学経済学部卒。1999年、株式会社インテリジェンスに入社。人材紹介事業の立ち上げに携わり、転職サポート実績では、通算最多転職サポート実績No.1を記録。マネジャー、人事部を経て、独立。2005年1月、株式会社キープレイヤーズを設立。ベンチャー企業を中心に、「応援したい企業」と「応援したい個人」のマッチングを行う。モットーは「人の役に立つ」こと。3000名を超える経営者に対しては人や組織のご相談と、8000名の個人に対してはキャリアのご相談を受けてきた。
そのほか、15社の社外役員、アドバイザーを就任。エンジェル投資＋ベンチャーファンド（SkylandVetunres）を通じた投資、シリコンバレー（Scrum Ventures）を通じた投資、バングラデシュ進出コンサル、海外投資、バングラデシュ不動産会社の開発などにも活動の範囲を広げている。

本書の内容に関するお問い合わせ
明日香出版社　編集部
☎(03) 5395-7651

転職《てんしょく》して「成功《せいこう》する人《ひと》」と「後悔《こうかい》する人《ひと》」の習慣《しゅうかん》

2014年　8月　18日　初版発行
2015年　4月　10日　第7刷発行

著者　高《たか》野《の》秀《ひで》敏《とし》
発行者　石野栄一

〒112-0005 東京都文京区水道2-11-5
電話 (03) 5395-7650（代表）
(03) 5395-7654（FAX）
郵便振替 00150-6-183481
http://www.asuka-g.co.jp

明日香出版社

■スタッフ■　編集　早川朋子／久松圭祐／藤田知子／古川創一／余田志保／大久保遥
営業　小林勝／奥本達哉／浜田充弘／渡辺久夫／平戸基之／野口優／横尾一樹／田中裕也／関山美保子　総務経理　藤本さやか

印刷　株式会社フクイン
製本　根本製本株式会社
ISBN 978-4-7569-1718-8 C2036

編集担当　古川　創一

「稼げる営業マン」と「ダメ営業マン」の習慣

菊原　智明

根本的な能力はあまり変わらないはずなのに、なぜか自分は成績を上げることができない。そんなビジネスパーソンに、できる営業マンの習慣とできない営業マンの習慣を対比することによって、気づきとテクニックを与える。

本体価格 1400 円＋税　B 6 並製　240 ページ
ISBN978-4-7569-1519-1　2012/01 発行

「伸びる社員」と「ダメ社員」の習慣

新田　龍

仕事を一生懸命しているが、なんとなくうまくいかない人・評価されない人がいる。「できる社員」の仕事の取り組み方、考え方と「できない社員」のそれらを比較することで、自分に何が足りないのかを理解する。

本体価格 1400 円＋税　B 6 並製　240 ページ
ISBN978-4-7569-1575-7　2012/09 発行

「できる上司」と「ダメ上司」の習慣

室井　俊男

できる上司とできない上司の習慣の違いを50項目でまとめた。目標達成、部下育成、コミュニケーションなど、上司が持っていなければならないスキルについて解説。

本体価格 1500 円＋税　B 6 並製　240 ページ
ISBN978-4-7569-1608-2　2013/02 発行

「できる経理マン」と「ダメ経理マン」の習慣

佐藤　昭一

できる経理マンと言われる人たちは、どんな仕事のやり方・考え方をしているのだろうか。会社に貢献し、経理のスキルがアップする50の仕事術を紹介する。

本体価格 1400 円＋税　B 6 並製　240 ページ
ISBN978-4-7569-1613-6　2013/03 発行

「できる人事」と「ダメ人事」の習慣

曽和　利光

リクルートやライフネット生命で人事を経験してきた著者が書く、人事部の仕事術。50項目で人事部がやっておくべきこと、知っておくべきこと、習慣にしておくべきことが学べる。

本体価格 1500 円＋税　B 6 並製　240 ページ
ISBN978-4-7569-1703-4　2014/06 発行

目標を
「達成する人」と「達成しない人」の習慣

嶋津　良智

意識が高く努力すれど、その努力が報われない・・・。そんな人はもしかしたら、目標達成の手順を踏んでいないかもしれない。ダメサラリーマンから上場企業の社長になった著者自身の経験を交え、「目標設定」「実行力のつけ方」「タイムマネジメント」「人の巻き込み方」などを紹介。

本体価格 1400 円＋税　B 6 並製　240 ページ
ISBN978-4-7569-1669-3　2014/01 発行

伸びる女（ひと）と伸び悩む女の習慣

関下　昌代

「会議や待ち合わせの時間に遅れる」「会議の進行が遅れる」「仕事が納期に遅れる」「質問やトラブルへの対応が遅れる」など、いつも遅れてしまう人達の原因を掘り下げ、それらを解消するための方法を紹介する。

本体価格 1400 円＋税　B 6 並製　216 ページ
ISBN978-4-7569-1711-9　2014/07 発行

「できる秘書」と「ダメ秘書」の習慣

西　真理子

日本人として初めて米国公認秘書検定に合格したカリスマ秘書が「仕事ができてかっこいい、職場で愛される働き女子」になる方法を教えます！

本体価格 1400 円＋税　B 6 並製　240 ページ
ISBN978-4-7569-693-8　2014/04 発行

「仕事が速い人」と「仕事が遅い人」の習慣

山本　憲明

同じ仕事をやらせても、速い人と遅い人がいる。その原因はいろいろだ。仕事の速い人、遅い人の習慣を比較することで、どんなことが自分に足りないのか、どんなことをすればいいのかを、著者の体験談とともに50項目で紹介する。

本体価格 1400 円＋税　B 6 並製　240 ページ
ISBN978-4-7569-1649-5　2013/10 発行

起業して 3 年以上「続く人」と「ダメな人」の習慣

伊関　淳

３年で半数近くはリタイアするという起業家の世界の厳しさは、もちろん知っている。起業したい人はまず何からはじめればいいのだろうか。「起業の決意」「会社にいながらやるべきこと」「お金」「アイデア」などなど、50 項目を対比構造で紹介していく。事例も効果的に入れていく。極力、退職前に身につけやすいものを入れる。

本体価格 1500 円＋税　B 6 並製　248 ページ
ISBN978-4-7569-1646-4　2013/09 発行